L'involuzione del pensiero scientifico

Come la civiltà perde conoscenza

Damiano Anselmi

Copyright @ 2013 D. Anselmi
Prima Edizione, Verona, Agosto 2013
Codice ISBN: 9798547216725
Casa editrice: Independently published

Indice

1	**Introduzione**	**1**
2	**Genesi e sviluppo dell'involuzione**	**7**
	Il declino della conoscenza	22
3	**Il tramonto del metodo scientifico**	**27**
	La gaia scienza	31
	Mainstream	36
	Environment	52
	Davide e Golia	74
4	**Il Sistema**	**93**
5	**Il futuro**	**137**

Capitolo 1

Introduzione

Nel mondo sono in corso dei mutamenti di grande rilevanza, alcuni dei quali forse non sono ancora saltati ai nostri occhi. Tra questi il più importante è la trasformazione della scienza, la ridefinizione di ciò che è scienza, di ciò che vuol dire fare scienza, e del metodo stesso con cui si fa scienza. Queste trasformazioni sono dovute a vari fattori, tra cui la crescita demografica, e l'organizzazione di cui la società e i vari paesi si dotano per gestire la ricerca scientifica. Se un tempo era il lavoro di pochi scopritori animati di grande passione, disinteressati e spesso sostenuti da disponibilità finanziarie proprie, oggi fare scienza è praticamente un impiego come un altro, è un lavoro sistemico, fa parte del nostro sistema, come se la ricerca del nuovo, l'esplorazione dell'ignoto, la produzione di nuove idee e brevetti, fossero riconducibili a lavori di routine. Tutto ciò che la scienza è nella sua essenza, cioè ideazione e creazione, e quindi qualcosa che per natura mal si adatta alla sistematizzazione, all'organizzazione, alla conformizzazione, può subire delle conseguenze negative dalle strutture create per gestirla, che possono depauperare la scienza della sua essenza propria e ridurla a qualcosa che alla fine vale molto meno e molto poco, anche se impiega un gran numero di persone, spesso più del necessario.

A loro volta, gli effetti di questa trasformazione e di altre trasformazioni simili cambiano l'intera società. I movimenti di involuzione che si osservano all'interno della scienza non sono altro che il riflesso anticipato di movimenti analoghi che si possono osservare nella società umana. L'unica particolarità della scienza in questo, è la sua capacità premonitoria di metterli in evidenza. Indagare quello che sta succedendo alla scienza, un ambito che per le sue peculiarità e unicità viene ritenuto comunemente immune da certi rischi degenerativi, rende il discorso generale molto più facilmente accessibile. Come vedremo, quello che impareremo osservando i mutamenti epocali della scienza contemporanea ci insegna molto sulla società in cui viviamo, e su quella in cui ci apprestiamo a vivere, perché la società nel suo complesso procede, parallelamente o immediatamente dopo, esattamente nella direzione lungo la quale la scienza si è incamminata da tempo. Questa direzione è una direzione involutiva, di regresso così rapido da portare il nostro pianeta indietro di secoli, fino all'epoca pre-scientifica. Di fatto ci fa entrare in una nuova epoca della storia dell'umanità, che potremmo chiamare Nuovo Medio Evo, un'era che in alcuni settori della scienza, quelli più avanzati, è già iniziata da alcuni decenni, ma che lentamente si sta estendendo a tutti gli altri.

Ci occuperemo di un problema che forse non è stato affrontato prima, vuoi perché non se ne vedeva la necessità e l'urgenza, vuoi perché forse non ci si è mai resi conto di quanto fosse importante, vuoi perché il sui acuirsi era ritenuto poco probabile, non essendosi mai verificato nel passato relativamente recente. Parlo della probabilità di tornare indietro, di involvere, di perdere anche la conoscenza già accumulata. Non soltanto il rischio di fermarsi, di vedere il progresso rallentare inarrestabilmente, ma anche assistere impotenti al regresso vero e proprio, che vuol dire passare da uno stato di maggiore conoscenza a stati successivi di sempre minore conoscenza: non sapere più cosa si sa, che equivale a non sapere. Ciò può succedere per quanto la conoscenza sia formalmente preservata per l'eternità, nelle biblioteche o su files, nei libri o su internet. La conoscenza può essere persa anche dalla stessa civiltà che l'ha prodotta, spesso subito dopo averla prodotta. La situazione della scienza contemporanea fornisce esempi eclatanti a questo proposito, di cui diremo diffusamente nel libro.

Vedremo come il fenomeno involutivo è possibile e anzi altamente probabile in tutta una serie di situazioni, tra cui la nostra presente. Illustreremo un caso in cui il fenomeno è già avvenuto, nel settore più avanzato della scienza moderna, che è la fisica teorica delle alte energie, per intenderci quella che ha predetto il bosone di Higgs scoperto al CERN nel 2012 e premiato col Nobel nel 2013. Lo faremo con un linguaggio accessibile a tutti, anche perché gli aspetti tecnici non hanno nessuna importanza per i nostri ragionamenti, mentre hanno grande importanza gli aspetti umani, troppo umani, della scienza attuale.

Ci chiediamo come si fa scienza e cosa vuol dire fare scienza dal punto di vista di tutto ciò che riguarda gli aspetti sociologici, le persone coinvolte, la selezione delle persone, la competizione, il merito, la scelta dei temi su cui indirizzare le ricerca, l'accantonamento di altri temi, i criteri guida per abbandonare strade e perseguirne altre, la libertà dello scienziato, come si stabilisce chi vince e chi perde, e perché, chi viene premiato e chi viene allontanato, chi guadagna dal sistema e dalla sua struttura organizzativa e chi viene sfruttato o lavora a perdere, chi produce, cosa produce, in quanto tempo, con quanto sforzo, spendendo quante risorse e impiegando quanto capitale umano, per ottenere i risultati dichiarati e quelli non dichiarati.

Gli aspetti che ci interessano sono tutti quelli che riguardano il lato umano della scienza. Infatti, sfortunatamente, a fare scienza non sono dei robot (non siamo ancora arrivati a questo), e non sono nemmeno delle persone che rispondono unicamente alla logica scientifica e razionale della legge matematica e della legge fisica, ma sono degli esseri umani, e quindi esseri che si sono dotati di strutture e criteri che rispondono prevalentemente ad esigenze umane, a "logiche umane", non ad esigenze e logiche scientifiche. Si tratta dunque si una scienza organizzata con criteri umani. L'organizzazione della scienza si trova oggi in uno stato di vero abbandono, anche se la complessità delle strutture artificiali di cui si è dotata farebbe pensare il contrario. Si trova quindi in balia di tutte le pulsioni umane, indifesa. Criteri oggettivi vengono usati spesso per dare l'impressione della spersonalizzazione del giudizio, ma quei criteri, come vedremo, non fanno altro che giudicare, oggettivamente, il lato umano e non scientifico della produzione scientifica. Le conseguenze di tutto ciò sono quelle che abbiamo anticipato: la fine del progresso e l'inizio del cammino involutivo.

Negli ultimi secoli il progresso della specie umana ha proceduto con una velocità notevole, a tratti sorprendente, a cui non è corrisposta, e non poteva corrispondere, un'evoluzione ugualmente veloce della specie umana in quanto tale, che è rimasta praticamente ferma. Siamo sostanzialmente gli stessi di secoli fa, e i nostri istinti e interessi sono gli stessi di allora, solo collocati in un ambiente diverso, circondati da molti gadget, e dotati di molti strumenti tecnici e informazioni in più. Come campagnoli appena trasferitisi in città. Se fosse possibile modificare la specie umana, o creare più specie diverse a partire dalla specie umana, o creare vita artificiale, usando le informazioni che abbiamo accumulato finora, le nuove specie potrebbero forse progredire a partire dal punto a cui siamo arrivati noi, raccogliendo il nostro testimone. La specie umana in quanto tale, invece, potrebbe essere vicina al limite delle sue potenzialità. I suoi interessi sono ancora in balia dei suoi istinti. Non si chiede qui di diventare vulcaniani, ma il posto ancora troppo grande che hanno le emozioni e i sentimenti nella nostra vita è indubbiamente di intralcio all'evoluzione del pensiero scientifico, al punto che la trasformazione recente della comunità scientifica in un vero e proprio social network di quart'ordine altro non è che la manifestazione dei nostri più bassi istinti animali, l'incapacità di separarli dalla produzione scientifica, la contaminazione di quella con quelli.

Ad un certo punto l'unica speranza, che cercheremo di indicare alla fine del libro, per uscire dalla situazione in cui ci siamo cacciati è che nasca uno nuovo settore scientifico, la scienza dell'organizzazione scientifica, che deve studiare come possa essere disumanizzata la scienza, resa scientifica "per forza", in una situazione come quella attuale, in cui a fare scienza non sono pochi disinteressati animati da vocazione, ma tante persone in competizione per farsi largo in un sistema in cui o ti adatti, e presto e bene, o sei fuori. Occorre capire come attaccare il problema, quale formula lo risolve, per arrivare finalmente ad una scienza vulcaniana, se si vuole, una scienza comunque lontana anni luce da quella di oggi, più vicina alla scienza di decenni o secoli fa. I motivi per cui è necessario intervenire proprio ora sono oggettivi. Finché la natura funge da arbitro, il problema di disumanizzare la scienza non si pone, perché è la natura stessa ad arbitrare l'uomo e ad impedirgli di umanizzare la scienza: la legge fisica è corretta o meno se predice o non predice risultati sperimentalmente verificabili; il giudizio della natura è insindacabile; lo spazio per la creazione e diffusione di una scienza parallela, magari gratuita e finta, molto scarso. Invece, se manca la possibilità di testare sperimentalmente le predizioni fatte la scienza si apre alla contaminazione umana. Questo problema fino a pochi decenni fa non si poneva, ma si pone oggi perché oggi si vuole insistere a fare scienza senza dati sperimentali, più per tirare a campare che per raggiungere veri obiettivi e autentici traguardi. Ad oggi il risultato di tutto questo è per certi versi desolante. Non è nemmeno detto che la soluzione proposta qui, disumanizzare la scienza, sia realizzabile, ma l'unica speranza che si vede al momento è questa: rendere la scienza disinteressante, rendere le persone che fanno scienza disinteressate, eliminare tutti i conflitti di interesse umani nella scienza, far fare scienza a degli esseri che siano intelligenti, ma "non umani".

Riepilogando, ci chiederemo: come si può perdere conoscenza, tanto in linea generale quanto nel concreto della nostra società e della nostra scienza; come si è già persa conoscenza, dove è successo e perché; come questo contagerà tutto il sapere e quindi la nostra società e civiltà. Useremo come sonda un settore di nicchia molto avanzato, che per le sue proprietà è in grado di aprire uno squarcio sul futuro: la fisica fondamentale. Esploreremo i rischi dell'umanizzazione della scienza, e le conseguenze sul metodo scientifico, per capire cosa sta progressivamente prendendo il posto della scienza e della conoscenza. Assisteremo alla progressiva rimozione dei criteri di necessità e universalità delle leggi fisiche, come pure la richiesta di aderenza tra teoria ed esperimento, e la sostituzione di questi criteri con criteri umani, come l'autorità, la referenzialità, il consenso, il voto, il gruppo, la moda, la popolarità. Vedremo come l'interazione tra uomo e natura viene a poco a poco rimpiazzata dalla chiusura della specie umana in se stessa, e il suo ritorno a rimuginare a vuoto su problemi artificiosi, nei secoli dei secoli. Impareremo a conoscere meglio il sistema in cui ci troviamo a vivere, l'universalità di un pensiero unico arbitrario, di criteri unici internazionali e universali decisi non si sa da chi, emersi non si sa da dove e come, discussi e messi alla prova non si sa quando e come, ma che puntano tutti in un'unica direzione: l'eliminazione della libertà scientifica e della diversità di qualunque tipo.

Rifletteremo sul ruolo che svolge e può svolgere in tutto questo il nostro paese, che poteva essere un'eccezione e invece si sta incamminando verso l'uniformizzazione a tutto il resto. Anche da noi, infatti, comincia a farsi largo il sistema in cui quello che conta sono statistiche e rating, dove è prioritario ben figurare nelle classifiche internazionali che pretendono di misurare la qualità della ricerca e perfino la libertà.

Capitolo 2

Genesi e sviluppo dell'involuzione

Come una civiltà regredisce senza volerlo e senza accorgersene

> *È fatta!*
> *Abbiamo oltrepassato il punto di non ritorno.*
> *Non è più possibile regredire e tornare indietro.*
> Le ultime parole famose

Stiamo uscendo da un'epoca scientifica che ci ha abituato ad un certo ottimismo riguardo alla possibilità di progredire indefinitamente e non tornare mai indietro. In particolare, le conquiste tecnologiche, come la possibilità di salvare informazioni in infinite copie senza mai perdere qualità, sia in forma di testo scritto, che audio e video, ci inducono a pensare che sia finalmente "fatta", che la garanzia del progresso indefinito sia acquisita, che il rischio del declino della conoscenza sia definitivamente superato. Ci siamo convinti di vivere nell'epoca in cui non è più possibile dimenticare la conoscenza appresa, perché essa è a disposizione di chiunque se ne voglia servire, e nessuno riuscirà mai a cancellarla, neanche volendo. Non è possibile che succeda un incidente dalle conseguenze irreversibili che cancelli un patrimonio di conoscenza dal valore inestimabile, come ad esempio l'incendio della biblioteca di Alessandria d'Egitto.

Ovunque andiamo siamo guardati da telecamere. A molti capita di essere fotografati da satellite assieme a strade e monumenti. Siamo nell'epoca in cui possiamo andare in giro indossando occhiali/telecamera, registrare tutta la nostra vita e farla conoscere a chiunque. Purtroppo, quelle telecamere non ci fanno vedere i nuovi rischi che si annidano dietro tutto questo.

La conoscenza viene persa non soltanto quando viene distrutta, ma anche quanto viene sepolta. E non si seppellisce conoscenza soltanto sottoterra. La si può seppellire nelle profondità abissali di quell'oceano di informazioni triviali o di rilevanza minima o discutibile che è internet. La sovrapproduzione di informazioni uccide l'informazione, la annega e la soffoca. Ci sono i motori di ricerca, certo, e sono utili per alcuni scopi. Ma non sono fatti per selezionare o trovare ciò che vale e preservare solo quello.

Il primo punto del nostro discorso è dunque un fatto di principio: esiste la possibilità di perdere ciò che vale. La convinzione di avere rimosso questo pericolo è illusoria ed erronea.

Il progresso scientifico e tecnologico degli ultimi secoli ci ha illuso che l'evoluzione del pensiero scientifico fosse una necessità, una proprietà intrinseca della natura umana, quindi inevitabile, ineludibile. E quindi anche indipendente dalla struttura di cui ci dotiamo per gestire ed organizzare quel progresso (fatta per esempio di centri ed enti di ricerca, università, sistemi di reclutamento dei ricercatori e del personale docente, criteri di valutazione del merito). Ci siamo convinti di essere in grado di elaborare a tavolino e poi costruire e far funzionare in concreto una struttura capace di gestire, facilitare e addirittura velocizzare il progresso, nonostante l'enorme quantità di variabili coinvolte in questo tipo di problema. Non sospettiamo che la struttura possa avere invece un impatto negativo rilevante sul progresso stesso, che possa rallentare l'avanzamento, e addirittura fermarlo per poi trasformarlo in regresso. Una certa tendenza a sovrastimare le nostre capacità ci ha portato a semplificare oltre misura un problema estremamente articolato, applicando a sistemi complessi soluzioni adatte a sistemi elementari.

Ma negli ultimi anni è successo qualcosa che pochi avrebbero immaginato. Il pensiero scientifico ha inopinatamente, e spontaneamente, imboccato la via del regresso, e su quella sta ora procedendo con passo sempre più spedito. Oggi, a distanza di una quarantina d'anni dall'inizio dell'involuzione è possibile corroborare questa tesi esibendo una serie di prove sufficienti. La mutazione non ha colto tutti di sorpresa. Alcune persone lungimiranti percepirono quello che stava accadendo un paio di decenni fa, all'inizio degli anni 1990, ma allora non riuscivano a fornire argomenti inoppugnabili per convincere gli scettici. I difensori dello status quo avevano buon gioco a derubricare sbrigativamente ogni indizio a fatto contingente e senza alcuna importanza.

Ancora oggi, molte persone non vedono il problema e rimangono convinte che viviamo ancora nel periodo della "gaia scienza", dove non si può che progredire, e soprattutto non si può commettere errori. Nel senso che l'individuo singolo può certamente incorrere in errore, anzi lo fa spesso, ma "la Scienza" in quanto tale no. Si è portati a pensare che la scienza come prodotto della collettività, la "scienza sociale" o "meritocratica", sia sempre in grado di isolare le buone idee dall'errore, anzi impari dagli errori dei singoli e li sfrutti per riposizionarsi sulla via maestra. Dunque non può e non potrà mai incamminarsi lungo la strada del regresso e dell'involuzione. La scienza collettiva, ci ripetiamo, progredisce necessariamente, perché la collettività non può sbagliare senza accorgersene, e dunque non può perseverare nell'errore, ma è dotata degli anticorpi necessari a isolare il problema e porvi rimedio. Questa cieca fiducia nella società umana è tuttavia ingenua e priva di fondamento scientifico.

A rafforzare le convinzioni di chi crede nell'inevitabilità del progresso viene in aiuto un argomento molto potente. Una volta che un progresso è acquisito, è acquisito per sempre, si può dare per scontato, e sarà eternamente a disposizione di chi vorrà servirsene. Con tutti gli strumenti di cui disponiamo oggi per preservare qualunque forma di conoscenza e farne un numero illimitato di copie non corriamo assolutamente rischi. Dunque la nostra civiltà non potrà mai "dimenticare la conoscenza acquisita".

Ma è veramente così? La realtà è ben diversa, e l'argomento appena esposto sorvola candidamente sul nocciolo della questione. Di per sé, salvare dei file in una miriade di copie non è sufficiente a garantire la conservazione della conoscenza: al massimo queste operazioni possono garantire la conservazione di una conoscenza sterile, morta. Certo: "a disposizione di chi vorrà servirsene", ma nello stesso senso in cui moltissimi libri e documenti finirono sepolti nel Medio Evo e dimenticati per secoli. Eppure erano là, a disposizione di "tutti coloro che sapevano che c'erano e dove erano". Il punto è che a sapere che ci fossero e dove fossero non era rimasto più nessuno. Seppellire la conoscenza sottoterra o negli abissi di internet non è poi così diverso. Formalmente la conoscenza rimane al suo posto, ma col passar del tempo sempre meno persone se ne servono, finché anche chi vorrebbe servirsene non è più in grado di farlo.

L'unica maniera per preservare veramente la conoscenza è mantenerla viva, e ciò e possibile soltanto continuando a produrre nuova conoscenza. A sua volta, per continuare a progredire occorre mantenere la barra del timone ferma nella direzione *in avanti*. Qui il ragionamento ci conduce ad un vicolo cieco, purtroppo, perché non c'è modo di stabilire qual è la direzione giusta in anticipo. Stiamo parlando dell'esplorazione dell'ignoto, che, in quanto ignoto, non ci informa prima sulla correttezza di quello che facciamo, e non ci può mettere in guardia quando usciamo dai binari. Allo stesso modo, la conoscenza accumulata finora non può bastare a discriminare tra le infinite scelte sul da farsi per il futuro. Per questo occorre soppesare tutte le possibilità in modo estremamente cauto, prendere decisioni in modo ponderato, ottimizzare le risorse materiali ed umane disponibili, calibrarne l'impiego nei tempi adeguati, e allo stesso tempo esplorare il maggior numero di strade possibile. E qui si eleva il problema ad un livello superiore: chi decide cosa? e come si sceglie chi decide?

Di queste difficoltà e tante altre sfaccettature del problema approfittano i sostenitori della linea attuale, i conservatori, cioè la quasi totalità degli studiosi. Per esempio, approfittano del fatto che non si possa dimostrare a priori la correttezza di un percorso o la sua erroneità per favorire i percorsi che fanno comodo ai loro interessi particolari e svantaggiare tutti gli altri. Coloro che detengono posizioni di controllo o privilegio hanno interesse a mantenerle, e pensano di cavarsela obiettando che non è possibile dimostrare che la loro influenza sulla ricerca sia perniciosa. E' proprio così? Neanche dopo trent'anni e più di progresso nullo è possibile rendersi conto che le linee di ricerca percorse sono sbagliate?

C'è un altro aspetto importante su cui possono contare i difensori del sistema attuale, cioè la mancanza assoluta di un qualunque dibattito nella comunità scientifica. Al contrario, qualunque accenno di dibattito è zittito e mortificato con vari metodi che descriveremo in dettaglio. Diciamo pure che oggi in ambito scientifico il dibattito non è nemmeno previsto, anzi si tende a proiettare all'esterno l'immagine del quasi-unanimismo, in modo da poter accusare qualunque voce dissonante di essere frutto di presunti rancori per mancanza di avanzamento in carriera, per demerito o carenza di meriti, oppure veicolare l'idea che il dissenso provenga da persone non sufficientemente preparate a giudicare gli argomenti di cui parlano, sostenendo per esempio che quelle persone siano dei *crank*, o *crackpot*, cioè degli "scienziati pazzi". Ma riusciamo ad immaginare cosa può succedere alla scienza quando sono proprio gli scienziati pazzi a prenderne il controllo?

La conoscenza può essere perduta per semplice dimenticanza, per mancanza di interesse, per incuria, inerzia e apatia. Il problema è quando la mancanza di interesse non coinvolge un singolo individuo o gruppo ristretto di persone, ma affligge la collettività in quanto tale, quando anzi l'interesse sopravvive soltanto in gruppi ristretti di persone, che si trovano impotenti di fronte ad un movimento involutivo collettivo irreversibile ed ineluttabile. In un caso come quello, la strada del regresso è imboccata definitivamente, e una volta passato il punto di non ritorno il processo non può più essere fermato. Ci possono volere centinaia e centinaia d'anni perché l'umanità si risvegli dal torpore.

Il secondo motivo e più profondo che può portare all'involuzione è una lotta cosmica tutta interna alla natura umana, e quindi alla società, tra due attitudini opposte di fronte alla scienza. Una guerra che si combatte sicuramente da secoli, forse da sempre. Da una parte abbiamo la pulsione che fa credere all'essere umano di essere speciale in un mondo creato da un architetto per una qualche finalità particolare. In quest'ottica perfino l'evoluzionismo viene reinterpretato subdolamente in modo da fornire un argomento a favore, invece che uno contro. Per esempio, si sostiene che noi, discendenti delle scimmie, emersi da una storia evolutiva che ha visto nel caso il suo motore e combustibile essenziale, quindi apparentemente così poco interessanti da essere strettamente imparentati agli esseri viventi "inferiori", e così poco speciali da essere venuti alla luce per un azzardo, un gioco di dadi, siamo in realtà di nuovo speciali, fors'anche più di prima, perché in noi sta il fine e punto d'arrivo dell'evoluzione stessa, sottintendendo quindi che l'evoluzione finisce con noi e che non è possibile che un giorno un essere più evoluto di noi ci tratti come noi trattiamo oggi gli altri animali, ci metta in gabbia per il suo personale sollazzo, ci dia da mangiare i resti dei suoi pasti e ci macelli quando siamo abbastanza grassi. La pretesa che l'uomo sia il fine dell'evoluzione non ha alcunché di scientifico, ma si vuole forzare la centralità dell'essere umano, il suo posto speciale nel cosmo, a qualunque costo, prendendo a pretesto qualunque argomento. Quando questa presunzione senza limiti prende il sopravvento essa influenza scelte e decisioni cruciali, tanto individuali quanto collettive. Le sue ricadute sulla scienza possono essere nefaste.

Nel momento in cui l'essere umano si attribuisce un posto speciale nell'universo, tende a giustificare l'idea di essere dotato di capacità superiori a quelle che effettivamente ha, per esempio sufficienti a capire il mondo senza sperimentare, in base a criteri di bellezza estetica e matematica, di simmetria, che sarebbero poi gli indizi del disegno elaborato dall'architetto che ha creato il mondo. In fondo, un atteggiamento per certi versi simile prevaleva nei secoli in cui la religione esercitava un controllo ossessivo sulla società. Oggi è l'ossequio alla Ragione che produce conseguenze speculari.

Dunque, per chi è animato dalla pulsione descritta non è strettamente necessario indagare la natura per capire la natura e fare scienza, basta che noi indaghiamo noi stessi, in quanto noi siamo il meglio che la natura abbia mai prodotto. A guardar bene, perdiamo il nostro tempo se indaghiamo la natura, qualcosa che non è speciale quanto noi, che della bellezza delle leggi fisiche non può sicuramente cogliere quanto possiamo cogliere noi. E anche noi, chiaramente, per quanto esseri speciali rispetto agli altri esseri viventi e alla natura, siamo comunque lontanissimi dall'architetto che ha fatto mondo, per qui le persone che spesso tanto sopravvalutano l'essere umano rispetto alla natura sono le stesse persone che lo svalutano rispetto all'ipotetico architetto del mondo, per sentenziare alla fine che attorno a noi c'è un mondo-spazzatura, mentre da qualche parte lassù sta il regno della luce e della bellezza, la luce e la bellezza delle leggi fisiche e delle leggi della scienza in genere. In ogni caso, siccome noi siamo più vicini alla luce che sta lassù di tutto il resto della natura, indagare la natura diventa come guardare nella direzione sbagliata, in basso invece che in alto.

L'atteggiamento opposto di fronte alla scienza è molto più umile e dimesso e quindi in certe fasi storiche privo di difese e protezioni, e facile da sconfiggere. È l'atteggiamento di chi si pone di fronte alla natura come uno studente di fronte a un'insegnante, quindi vuole capire il messaggio che la controparte sta cercando di dirgli, il messaggio che la natura sta trasmettendo allo scienziato attraverso i risultati e le osservazioni sperimentali. Non ha una visione del mondo precostituita, oppure se ce l'ha non la fa prevalere, e quindi non è portato a forzare l'interpretazione di ciò che la natura dice, e non arriva all'estremo di emettere sentenze sulla natura stessa, giudicarla e magari trattarla con grossolana rozzezza, come nel caso di coloro che bollarono la meccanica quantistica come un "errore che funziona" nel momento in cui sconvolse la nostra maniera di vedere le cose. Il messaggio che la natura stava comunicando a quegli scienziati non si adattava bene alle loro convinzioni ideologiche precostituite. Essi necessariamente vedevano la meccanica quantistica come una teoria provvisoria che avrebbe dovuto essere "superata". Superata va messo tra virgolette, perché qualunque teoria fisica è destinata ad essere superata da una teoria più evoluta. Tuttavia, nella convinzione dei detrattori della meccanica quantistica il termine aveva invece il significato opposto, di ritorno all'indietro. L'indeterminismo doveva essere non "superato", ma rimosso o cancellato, perché quelle persone credevano aprioristicamente che la natura dovesse necessariamente essere deterministica. Mentre la natura diceva una cosa, lavoravano per forzare la visione esattamente opposta. Non lavoravano per capire, dunque, cioè decifrare il messaggio della natura, ma lavoravano per far dire alla natura quello che non stava dicendo e non aveva nessuna intenzione di dire, quello che avrebbe dovuto dire se si fosse adagiata sulle convinzioni personali ed ideologiche di quegli scienziati. Oppure sminuivano la portata di quello che la natura stava dicendo, perché sgradito, o diffamavano la nuova visione del mondo chiamandola un "errore che funziona".

"Dio non gioca ai dadi" è una frase emblematica, perché è chiaro che soltanto chi non mette la natura al primo posto, ma qualcos'altro, in questo caso Dio, può fare un'affermazione del genere. Se uno scienziato dice che Dio non gioca ai dadi capiamo perfettamente che quella persona non sta indagando la natura per decifrare il suo messaggio, non è un vero scienziato, è semplicemente un essere umano, una persona che fa scienza di lavoro, e nel momento in cui fa scienza di lavoro eleva le sue personali convinzioni umane ad un posto di prim'ordine, superiore al posto occupato dalla natura.

Quando i risultati sperimentali sono abbondanti non c'è un grosso pericolo che queste pulsioni umane degenerino, perché anche uno scienziato animato da un'ideologia sostanzialmente antiscientifica, nel momento in cui si trova di fronte ad una scoperta non è così stupido da nasconderla, non fosse altro che per ragioni di opportunismo e carriera, e anche perché sa che se non la fa venire alla luce lui, subito dopo qualcun altro lo farà al suo posto. In queste situazioni il lavoro di interpretazione forzata e deviata viene fortunatamente posposto di un po'. Nel caso della meccanica quantistica la sua messa in discussione fu sostanzialmente un lavoro successivo alle fasi chiave delle scoperte scientifiche, e paradossalmente ebbe anche effetti benefici, perché permise di capire ancora meglio cosa covava sotto le nuove idee rivoluzionarie, e rendersi conto che l'indeterminismo non è eliminabile o superabile. Il tentativo di reinterpretazione alla fine non riuscì, perché i dati sperimentali furono sufficienti a mettere a tacere qualunque scettico, almeno temporaneamente. Tuttavia, in situazioni diverse, cioè quando i dati sperimentali scarseggiano o mancano completamente il lavoro di forzatura è contemporaneo ai pochi dati in arrivo o li precede addirittura. Se i dati ci sono, ma sono scarsi, il messaggio della natura può essere sì recepito più o meno correttamente, ma finire rapidamente negato o rimosso. Di un caso di questo tipo parleremo più a fondo nel libro. Esso coinvolge la teoria quantistica dei campi, che possiamo descrivere brevemente come l'aggiornamento più avanzato della meccanica quantistica. Ebbene, in quel caso il tentativo di forzatura riuscì e gli effetti negativi si faranno sentire per molto tempo. Nel caso estremo di dati sperimentali scarsissimi o mancanti l'ideologia può essere così forte da impedire allo scienziato perfino di ascoltare con l'attenzione dovuta la natura e quindi decifrare il suo messaggio. Lo scienziato comincia così a prestare più attenzione a se stesso e a poco a poco sostituisce l'indagine della natura con l'indagine di un riflesso di se stesso. La scienza contemporanea si trova esattamente in questa fase.

La meccanica quantistica fece emergere concetti straordinari e rivoluzionari. La teoria dei campi quantistici continuò lungo la stessa strada facendoci capire che la matematica che dobbiamo usare per spiegare le leggi della natura, e quindi la nostra maniera di pensare, non è quella che noi elaboriamo nel chiuso delle nostre stanze, confrontandoci soltanto con noi stessi, il nostro pensiero e i nostri simili, o confrontandoci troppo poco con la natura. La corretta maniera di pensare è quella che la natura stessa ci detta, e può essere completamente nuova e inaspettata. I nuovi concetti matematici che la natura ci suggerisce possono risultare estremamente indigesti, perché completamente diversi o opposti a quelli forniti dalla matematica o dalla forma di pensiero che ci costruiamo da soli chiudendoci in noi stessi. È la natura che forgia la maniera di pensare dello scienziato, e lo scienziato deve essere pronto a decifrare quello che la natura gli dice, disponibile a farsi plasmare come il pongo, invece che occuparsi di giudicare la natura, emettendo sentenze sgradevoli quali quelle che descrivono le leggi fisiche indigeste come errori che funzionano, o qualcosa di necessariamente provvisorio perché "Dio" (alla faccia delle affermazioni universali e necessarie) non gioca ai dadi. Come si può chiamare scienziato colui che deride e insulta la natura stessa che sta studiando? È la natura che deve indicare la direzione da percorrere, e il nostro unico compito è capire quello che sta dicendo, non accampare motivi futili per rifiutarlo a priori.

Qui siamo alla radice del problema. Qui vediamo chi è uno scienziato e chi è un essere umano prima di essere uno scienziato, che non riesce a mettere da parte le sue pulsioni umane, certamente umanamente comprensibili e giustificabili, ma non compatibili con il fare scienza. A lungo andare, uno scienziato che trova una scoperta sgradita che mal si adatta alle sue convinzioni può essere portato a sminuirne la portata, a rimuoverla o a negarla. Quando queste pulsioni si radicano ancor più profondamente nell'individuo e nella società, lo scienziato, intuendo consciamente o inconsciamente che alcune direzioni percorribili lo potrebbero portare alla rivelazione di qualcosa di sgradito, preferisce scartarle a priori e privilegiare direzioni diverse, ancora prima di arrivare a fare la scoperta. Quando la società raggiunge questa fase, le probabilità di rimettere la scienza in carreggiata sono molto scarse.

Secondo molti, la matematica che descrive le leggi fisiche, come la matematica elegante e attraente che sviluppiamo arbitrariamente nel chiuso delle nostre stanze, guidati unicamente dai nostri gusti personali e soggettivi, non può avere certi tipi di "difetti". Per esempio, non può avere i "difetti" che la teoria dei campi quantistici rese necessari per la formulazione stessa delle leggi della natura, come il *problema degli infiniti*, risolto dalla *rinormalizzazione* riassorbendo gli infiniti in ridefinizioni delle costanti fisiche e dei campi stessi. Per i profani, questi "infiniti", detti anche "divergenze", sono quantità che emergono da operazioni elementari (per esempio, sommando 1 infinite volte), eppure necessarie per la costruzione della teoria dei campi quantistici. Tuttavia, essi sono infiniti solo nella formulazione più primitiva e naïve della teoria. In una formulazione più elaborata (si dice "regolarizzata") sono quantità convergenti come tutte le altre. Nonostante ciò, l'impatto psicologico che il problema ebbe sui primi scienziati che si imbatterono in quello viene preso a pretesto da molti ancora oggi per descriverlo in modo caricaturale, e usare la caricatura come argomento per frenare qualunque elaborazione concettuale che parta dalla soluzione di quel problema per andare oltre, per varcare le barriere mentali che erigiamo consciamente o meno contro i nostri stessi interessi.

D'altra parte, le soluzioni dei problemi associati ai "difetti" menzionati, come la rinormalizzazione, fornirono predizioni fisiche che furono brillantemente confermate dagli esperimenti. Le potremmo elencare una per una, ma ci limitiamo a menzionare l'ultima, il bosone di Higgs. Finché i dati sperimentali fluivano nessuno, ovviamente, poteva metterli in discussione, ma nel momento in cui il flusso di dati rallentò gli ideologi del dio che non gioca ai dadi approfittarono del vuoto creatosi per rimettere tutto in discussione, fino a invertire il senso di marcia e tornare indietro. E tornare indietro in questo caso volle dire rimuovere completamente il messaggio della natura, un messaggio che tra l'altro non avevamo nemmeno decifrato completamente e quindi non era ancora una conquista definitiva, dirottando l'attenzione delle generazioni successive di fisici verso altre direzioni, che però non erano direzioni veramente nuove, ma surrogati, riedizioni nuove di direzioni vecchie e già percorse, soltanto più gradite alla visione ideologica che si stava imponendo. Come se il messaggio della teoria dei campi, per quanto provvisorio e mai compreso del tutto, non ci fosse mai arrivato. Ancor peggio, furono usati vari sistemi direttamente o indirettamente coercitivi per imporre ai nuovi scienziati di percorrere le direzioni precostituite, riducendo la loro libertà al minimo.

Le rivoluzioni portate dalla meccanica quantistica e dalla teoria dei campi quantistici alla maniera di pensare la natura e le leggi fisiche non si limitano ad aspetti formali o estetici, ma hanno portata molto più profonda, in grado di cambiare completamente la nostra maniera di guardare e capire il mondo. Chi rifiuta quelle rivoluzioni cerca di enfatizzare presunti difetti estetici per passare in secondo piano il significato vero. Nel caso della meccanica quantistica l'effetto della resistenza ai nuovi concetti fu quello di ridurne l'impatto sulla filosofia e tutto il resto dello scibile. Non fu, fortunatamente, quello di impedire ai fisici, almeno loro, di apprezzarne la portata rivoluzionaria e trasformarla in una conquista ormai acquisita. Nel caso della teoria quantistica dei campi, invece, la diversione ebbe la meglio, nel senso che riuscì a soffocare la rivoluzione sul nascere. Il tutto nonostante il fatto che la nuova matematica e la nuova maniera di pensare fossero assolutamente alla nostra portata, tanto che ci permisero di fare parecchie predizioni fisiche di successo. Il Modello Standard delle interazioni elementari, la teoria quantistica dei campi che ha avuto più conferme fino ad oggi, è una teoria dei campi che ha tutti i difetti estetici che gli scienziati ideologizzati possono imputarle. Nei decenni passati, quegli scienziati fondarono l'intera loro ricerca sull'assunzione che il Modello Standard debba essere rimpiazzato (loro dicono "superato") da una "teoria finale" che non abbia quei "difetti". Perché? A quale scopo? A che serve rimuovere difetti estetici immaginari? Questo sarebbe fare progresso? Ebbene, quelle persone plasmarono la ricerca loro, di interi gruppi e collaborazioni internazionali, e quando poterono intere generazioni, su una convinzione ideologica che al massimo poteva essere considerata un'ipotesi di lavoro come un'altra, ma che in nessun caso poteva essere promossa a giustificazione per selezionare le persone da assumere in base alla loro aderenza a quel dogma, scartare gli altri, soffocare qualunque discussione sull'argomento, e in ultima analisi cercare di imporre con metodi impropri e per certi aspetti perfino illegali una visione precostituita. Lo scienziato che è mosso da queste pulsioni lavora assiduamente per proporre teorie alternative al Modello Standard, ripulite di quelle che lui considera arbitrariamente delle storture. Descrive sprezzantemente i metodi che hanno permesso di risolvere i problemi inaspettati della teoria dei campi, e che hanno consentito una raffica di predizioni fisiche brillantemente confermate dagli esperimenti, come un "nascondere la spazzatura sotto il tappeto". La ragione di tanta acredine? La soluzione dettata dalla natura a quei problemi non si sposava colla visione ideologica precostituita preferita dai puristi della matematica scolastica. Da una parte l'indeterminismo, in meccanica quantistica, cioè "l'errore che funziona", dall'altra parte il problema degli infiniti in teoria dei campi, risolto dalla rinormalizzazione nascondendo appunto "la spazzatura" (che sarebbero gli infiniti) "sotto il tappeto".

Si potrebbe concordare con Galileo quando dice che il libro della natura è scritto in lingua matematica, anche se potrebbe trattarsi di un'ipotesi troppo restrittiva, per quanto si sia rivelata azzeccata durante i quattro secoli appena trascorsi. Tuttavia, rimane aperta la questione: *quale* matematica? Quella che è già scritta nei nostri libri di testo? Quella già sviluppata *prima* delle scoperte scientifiche a cui dovrebbe applicarsi? Quella che noi esseri umani siamo in grado di concepire e sviluppare rimuginando colla nostra mente nel chiuso delle nostre stanze? E perché mai dovrebbe essere così?

La fisica del ventesimo secolo, la meccanica quantistica e la teoria dei campi quantistici in particolare, ci mostra che non si può presumere che la matematica necessaria a formulare le leggi fisiche sia già pronta prima della loro scoperta. Certo, *a priori* qualunque argomento matematico è in un certo senso concepibile anche *prima* delle scoperte scientifiche che lo rendono utile, se non cruciale, per il progresso della conoscenza. In fondo, ogni teorema matematico e ogni legge fisica non sono altro che sequenze di parole, quindi basta esplorare tutte le possibili sequenze di parole per anticipare tutti i teoremi matematici e tutte le leggi fisiche. Tuttavia, in questo programma tanto ambizioso quanto insulso (ma che ben descrive, come vedremo, la degenerazione attuale della fisica teorica) noi siamo come scimpanzè di fronte alla tastiera di un computer: se battiamo a caso un numero sufficiente di tasti possiamo anche produrre qualcosa di sensato ogni tanto, ma difficilmente arriveremo *prima* di una a scoperta scientifica.

A dire il vero non possiamo nemmeno confidare che la nostra specie sia in grado di concepire e sviluppare la matematica necessaria a descrivere le leggi della natura, né prima né dopo le scoperte scientifiche. Sicuramente, esistono dei limiti intrinseci che non possiamo superare perché la nostra stessa natura ce lo impedisce. Probabilmente esistono o esisteranno nell'universo specie viventi che hanno capacità di gran lunga superiori alle nostre. Sicuramente ad un certo punto la specie umana si dovrà fermare, o aspettare un tempo sufficientemente lungo da evolvere fino a riuscire a concepire quello che fino ad allora le sarà stato inconcepibile. Oppure dovrà imparare ad accelerare artificialmente quel tipo di evoluzione. Così come il nostro pensiero è più sviluppato di quello del gorilla, dovrà esistere da qualche parte dell'universo, o magari esiste già, qualche essere al cospetto del quale noi siamo dei gorilla. Come sarà la matematica sviluppata da quell'essere? Noi, in quanto gorilla, non siamo in grado di dirlo, e nemmeno di pensarlo, come il gorilla non è in grado di cogliere la nostra matematica.

La formulazione della teoria dei campi quantistici, in particolare, richiede una matematica che noi non riusciamo nemmeno a concepire, o meglio di cui riusciamo a concepire solamente uno schizzo. Per poter ovviare a una serie di difficoltà, a cui accenneremo, siamo costretti a fare autentiche acrobazie concettuali e matematiche, che ci fanno fare dei passi avanti, certo, ma sempre più corti. Oltre, il nulla. Potremmo essere giunti al limite intrinseco delle nostre capacità. I problemi rimasti aperti potrebbero essere destinati a restare aperti per l'eternità, almeno per noi esseri umani. Forse un giorno incontreremo delle specie viventi per le quali la loro soluzione sarà stata uno scherzo, e quando ciò capiterà non saremo neanche in grado di capire la loro soluzione. Forse d'ora in poi dovremo accontentarci di un'esplorazione orizzontale, senza più riuscire a scendere in profondità.

Al cospetto di queste considerazioni, cosa resta della nostra infinita presunzione, quella che ci fa credere di essere tanto speciali nel regno della natura? Noi esseri umani, come qualunque altro essere, intelligente o meno, possiamo soltanto stare a ciò che l'osservazione della natura ci dice, e plasmare da quella la nostra matematica e la nostra maniera di pensare, finché ci riusciamo. Sostituirci alla natura, pretendendo che le nostre aprioristiche elucubrazioni abbiano una qualche collocazione speciale in un quadro generale che è soltanto frutto della nostra fantasia infantile, e poi magari esigere che in qualche modo la natura ci ascolti, e si adegui a noi invece che viceversa, è più patetico che assurdo.

Altri aspetti del problema di cui ci occupiamo qui, cioè l'inesorabile procedere della società lungo la strada dell'involuzione, contribuiscono a renderlo di più difficile soluzione. Le conseguenze delle scoperte scientifiche recenti sulla società sono sempre meno importanti e meno difficili da apprezzare, quindi rimangono confinate a pochi addetti ai lavori. Ed anche tra gli adepti non si registrano particolari segnali di vitalità, anzi. Non esiste dunque la possibilità di chiamare in causa giudici esterni ed imparziali, come l'opinione pubblica, commissioni ad hoc, e le istituzioni. Certo, potremo godere ancora di molti progressi materiali e commerciali "di contorno", conseguenze di scoperte fondamentali fatte decenni or sono. Per esempio, internet, i telefonini, e tutti gli strumenti informatici di cui facciamo abitualmente uso sono conquiste recenti e senza dubbio rappresentano il raggiungimento di traguardi importanti. Tuttavia, le scoperte scientifiche fondamentali sono venute meno da molto tempo, come le loro implicazioni sul nostro pensiero. Quel settore è praticamente morto, o moribondo, o ridotto a una nicchia di persone alienate dal resto della società, al punto che ciò costituisce un problema talmente marginale, ormai, che nemmeno la società sembra interessata ad occuparsene, o in grado di farlo. In uno stato di abbandono come questo la maggior parte degli sforzi fatti sono concentrati a rimuovere le idee scomode, per quanto siano state di successo, come la teoria dei campi quantistici, e riportare in auge idee regressive come quelle che ruotano attorno alla cosiddetta teoria delle stringhe (la parola "stringhe" è un inglesismo per indicare sostanzialmente delle corde vibranti), come in passato si cercò a più riprese di deviare l'interpretazione della meccanica quantistica.

Nella scienza, una scoperta apre nuove frontiere, e da quel momento diventa a disposizione di tutti, ma per nessuna ragione si trasforma in uno standard o un'imposizione. I benefici di una scoperta, e dunque la convenienza a farne uso, possono essere tali che di fatto tutti si serviranno della scoperta, ma a nessuno può essere imposto di farne uso per forza. Chiunque, nella sua piena autonomia e libertà, può decidere di servirsi di una scoperta fatta da altri, e usarla magari per progredire ulteriormente. Tuttavia, mai come oggi si è fatta pressione sugli individui affinché aderiscano ai presunti risultati e progressi fatti da una teoria senza conferme, vedi la teoria delle stringhe, contrapposta alla teoria dei campi quantistici. Mai prima d'ora si era vista tanta pseudoscienza inculcata addirittura con forme oblique di coercizione, stalking, trucchi e sotterfugi, furberie e abusi di tutti i tipi, fino a creare un ambiente in cui le persone sono costrette ad adeguarsi "liberamente" ai dettami imposti dall'alto e sono selezionate in base alla loro predisposizione ad adeguarsi a quelli.

Se la civiltà non riuscirà, come io credo, a rimettersi sulla strada corretta, l'unica possibilità che resterà sarà quella di riuscire almeno a fermare il cammino all'indietro, per esempio preservando la conoscenza accumulata finora per le generazioni future. Ma anche questo problema è tutt'altro che semplice da risolvere. Perché non si può preservare tutto, anzi sarebbe controproducente, ma occorre discriminare ciò che vale la pena conservare da ciò che occorre scartare. Chi e come si decide? In principio, nella scienza è possibile ibernare la conoscenza che ha avuto successo, perché sappiamo benissimo quali teorie e approcci hanno avuto successo e quali no (ce lo dicono gli esperimenti), quindi il problema non si dovrebbe nemmeno porre. In altre discipline, dove decidere ciò che è rilevante e ciò che non lo è coinvolge un elevato grado di soggettività, il problema è più serio. Tuttavia, anche la scienza oggi è popolata di una comunità scientifica che la pensa "creativamente" in merito al "successo", nel senso che celebra teorie che non hanno mai avuto alcun successo sperimentale e affonda quelle che l'hanno avuto, che eleva l'irrilevante per coprire ciò che vale. In una situazione come questa, in cui in fondo la conoscenza di ciò che vale è già stata definitivamente persa, se si volesse preservare "ciò che vale" ci sarebbe uno scontro tra bande per stabilire con criteri umani ciò che vale di più e ciò che vale di meno. Non è possibile che il risultato di uno scontro del genere fra esseri umani e gruppi di esseri umani possa approdare a risultati corretti, in merito alla rilevanza oggettiva delle questioni esaminate, e quindi ormai non è più possibile valutare il valore di una scoperta o della conoscenza tutta in modo corretto, anche nei settori dello scibile, come la scienza, dove sarebbe in principio fattibile.

Se per esplorare l'ignoto è necessario percorrere tante strade diverse, e nessuno sa dire a priori quali siano quelle giuste, non dovrebbero esistere altrettanti dubbi ed incertezze riguardo al passato: la conoscenza da preservare assolutamente non può che essere la conoscenza dei risultati che hanno avuto successo, cioè quelli che hanno riprodotto correttamente la natura. Tuttavia, per una serie di motivi che studieremo in dettaglio, oggi a livello più o meno inconscio la collettività si adopera con un'attività indefessa e diffusa a livello mondiale per cancellare un certo tipo di conquiste, rimuoverle, retrogradarle, ridurle alla marginalità. E spesso il motivo è banale opportunismo: poter pubblicare una marea di articoli facili che quelle conoscenze, se adeguatamente preservate, renderebbero superati prima ancora di essere scritti, quindi sicuramente non pubblicabili. Invece, rimuovendo parti importanti della conoscenza acquisita nei secoli si può tornare a fare speculazioni di basso prezzo su ipotesi e proposte che già sappiamo non funzionare. Le conoscenze accumulate nella fisica fondamentale sono talmente avanzate che se fossero preservate a dovere emergerebbe con assoluta chiarezza quanto è superfluo la gran parte del lavoro di ricerca dell'odierna generazione di fisici: letteralmente un girare a vuoto. A chi non è disposto a cimentarsi nei problemi rimasti aperti rimane veramente poco da dire, vista l'assenza di nuovi dati sperimentali. I problemi aperti sono però di difficoltà impervie, e possono essere affrontati sono con un lavoro lungo e meticoloso, incompatibile con l'odierna necessità di pubblicare tanto, in fretta e senza fare troppa fatica. E allora si riesumano problemi già trattati in passato, li si presenta con qualche accattivante variante estetica, che cambia la forma ma lascia inalterata la sostanza, tanto per poter affermare che si tratta di "problemi nuovi", e, facendo finta di niente, oppure credendo per ignoranza che siano davvero settori inesplorati, si ripercorrono strade già dimostratesi dei vicoli ciechi.

Non possiamo dire con il senso di poi cosa sarebbe successo negli ultimi decenni nella fisica delle alte energie se si fosse continuato a percorrere la strada maestra invece che forzare la gente a deviare su strade sbagliate. La necessità di lavorare senza dati sperimentali è ormai un limite oggettivo e probabilmente i problemi teorici sarebbero stati comunque troppo difficili. Risolvere i problemi di cui parliamo, se da una parte non garantisce la certezza che abbandoneremo la strada del regresso per tornare a incamminarci sulla strada del progresso, d'altra parte è condizione necessaria poterlo sperare. A chiunque si può garantire il diritto di fare scienza in modo già dimostratosi sbagliato (ché la sua libertà di scelta va comunque difesa), ma non si può permettere a nessuno di imporre i suoi metodi e le sue credenze agli altri. Non può avere alcun futuro una scienza in cui troppe persone spendono la maggior parte delle loro energie per imporre agli altri di fare scienza nel modo deciso da loro, sui temi decisi da loro, e procedere nella direzione stabilita da loro, oltre che eliminare le persone che non sono disponibili ad adeguarsi.

Quello a cui abbiamo appena accennato, e che descriveremo dettagliatamente in seguito, è solo uno dei modi con cui una civiltà può imboccare la strada involutiva verso la perdita della conoscenza. Una scienza incamminata lungo la strada odierna rischia la morte. A chi pensa che questa sia un'ipotesi esagerata ci apprestiamo a fornire informazioni dettagliate che probabilmente non possiede. Le possibilità di sopravvivenza di uno scienziato libero sono oggi risibili. Con vari metodi egli è costretto a lasciare prima possibile, cioè a cambiar mestiere. Gli si fa capire in mille modi cosa deve fare e quali sono le conseguenze che subirà nel caso decida di non adeguarsi. Non solo: chi viene allontanato mostra a tutti gli altri la fine che rischiano di fare se non si adeguano. E alla fine la libertà scompare. Scomparsa la libertà scientifica, la scienza muore.

Il declino della conoscenza

Probabilmente quando studiamo la storia da adolescenti e apprendiamo che in certe fasi il progresso della civiltà si è letteralmente fermato, abbiamo una reazione di sorpresa e incredulità e siamo portati a chiederci come sia stato mai possibile piombare in una situazione di stasi e rimanervi per secoli. Ci pare difficile credere che durante il Medio Evo nessuno si azzardasse a mettere in discussione il principio d'autorità, e non riusciamo a capire come ciò che oggi è ovvio, per esempio fare qualche semplice esperimento per verificare il fondamento delle proprie affermazioni, invece che basarsi unicamente sulla letteratura, fosse l'ultima delle direzioni da percorrere. Magari pensiamo a quanto sono stati ingenui gli esseri umani del passato e quanto al contrario siamo fortunati e svegli noi oggi. Quasi che sia possibile solo migliorare, evolvere, progredire e non sia invece insita nella natura umana, come nella natura di qualunque essere vivente, il rischio di regredire. Siamo portati a pensare che il presente sia tutta un'altra cosa rispetto al passato, completamente libero dal rischio di percorrere di nuovo il sentiero dell'involuzione. Ci convinciamo che una volta capito e imparato, è impossibile dimenticare o disimparare, per esempio diamo per scontato che sia impossibile ricadere nell'errore grossolano del principio d'autorità, siamo assolutamente certi che non imboccheremo mai più quella strada, mentre invece è vero esattamente il contrario, si è tornati a percorre proprio la strada del principio di autorità e allo stesso tempo si sono introdotti principi ancora più nefasti per la scienza come il principio del consenso.

Indagando la storia possiamo forse capire come mai il progresso si sia fermato, in passato, nei contesti storici e geografici particolari in cui ciò è successo, ma guardando il presente e il futuro ci troviamo assai impreparati, e, immersi negli eventi mentre si svolgono, facciamo fatica a discernere quello che sta accadendo "sopra di noi", cioè a livello globale e su scale temporali che includono più generazioni. Per una serie di ragioni, siamo naturalmente portati a non credere possibile che l'epoca moderna possa imboccare la strada dell'involuzione, e accantonare velocemente il problema, convinti che rischi non ve ne siano. Così non ci accorgiamo che qualcosa di molto simile a quanto successo in passato è già successo e sta succedendo sotto i nostri occhi.

Ci troviamo impreparati anche perché non ci siamo mai chiesti come sia possibile entrare in una fase di stasi dopo una fase di progresso. Magari, come nel caso del passato, nel caso del Medio Evo, attribuiamo la transizione di fase a una certa serie di circostanze storiche contingenti, che furono sicuramente importanti ed ebbero grosse responsabilità nel portare a quelle conseguenze. Siamo portati altrettanto facilmente a pensare che siccome non possono ripetersi quelle condizioni storiche, non si possono ripetere nemmeno le loro conseguenze, mentre in realtà esistono infinite situazioni, completamente diverse, che possono produrre le stesse conseguenze o conseguenze simili, che possono far piombare la civiltà nel torpore. In nessun caso possiamo pensare di essere preparati ad affrontarle, e men che meno escludere che si possano verificare in futuro o che si stiano già verificando nel presente.

La probabilità di perdere conoscenza è purtroppo estremamente alta e le vie del regresso sono praticamente infinite. Non esiste alcuna garanzia o protezione dal rischio dell'involuzione. È possibile, anzi molto probabile, perdere collettivamente conoscenza, e chiudersi per secoli in un torpore cosmico. Oggi lo possiamo dire con certezza, perché la storia recente ce lo mostra in modo inequivocabile. Cercheremo di capire quali sono le vie del regresso, come una civiltà può procedere speditamente verso l'involuzione. Lo faremo imparando dai fatti già successi. Essi ci indicano alcune circostanze che portano naturalmente al regresso, che analizzeremo nel dovuto dettaglio, ma procederemo anche ragionando in linea generale, perché a questo punto il problema diventa un problema generale della civiltà e può costituire esso stesso una scienza vera e propria, la scienza dell'involuzione, la scienza che si prefigge di capire come la civiltà può involvere, cerca di individuare le situazioni più generali in cui questo può succedere, per capire se si può fare qualcosa al proposito, quali precauzioni si possano prendere e come si possa impedirlo.

Spesso la causa del mancato progresso è una banale mancanza di interesse a progredire. Non ci sono più le condizioni per avanzare. Per una serie di fattori concomitanti la civiltà nel suo complesso comincia a poco a poco ad accontentarsi di miglioramenti minori e marginali, e di acquisirli con sempre maggiore lentezza e sempre minore versatilità. Non sente la necessità di intervenire e non ne vede l'urgenza. Purtroppo quando si comincia a regredire la velocità dell'involuzione aumenta progressivamente, e così anche nell'arco di una vita umana è possibile assistere al triste spettacolo della civiltà che si incarta da sola e si mette a girare su se stessa. Ebbene sì: è possibile, anzi è tremendamente facile imboccare la via del regresso, per qualunque civiltà.

Se tanto per fissare un inizio dell'era scientifica moderna prendiamo il 1630, anno in cui Galileo completò il "Dialogo sopra i due massimi sistemi del mondo", e prendiamo il 1973 quale fine della stessa, cioè l'anno in cui furono fatti gli ultimi importanti progressi nella teoria dei campi quantistici, ne concludiamo che essa è durata 343 anni. Allo stesso tempo, vediamo che dal 1973 ad oggi sono trascorsi 40 anni di non progresso. Otteniamo che il periodo di progresso mancato e relativo riempimento del vuoto con le artificiosità di cui parleremo ammonta a più del 10%. Ciò vuol dire che un decimo della storia della scienza moderna è già andato in fumo. Ciò è sufficiente per dire che siamo in pieno Nuovo Medio Evo. Non è un semplice periodo di stanca, perché oltretutto si è scatenata un'insensata lotta senza quartiere contro la libertà scientifica, e chiaramente una scienza senza libertà è qualcos'altro, ma non scienza.

Non basta conservare documenti di ogni tipo in un'infinità di copie, e preservarli intatti, per l'eternità. Non basta questo per garantire il progresso, e nemmeno la conservazione della conoscenza. Purtroppo, la conoscenza può essere persa anche conservandola formalmente. Quando finisce sepolta e dimenticata, i documenti continuano ad esistere e ad essere a disposizione di tutti, ma *di fatto* non vengono utilizzati, perché per qualche motivo nessuno ha più interesse a farlo. Non è necessario pensare alla sepoltura sottoterra, che oggi non può capitare. Basta immaginare che i pochi documenti rilevanti finiscano sepolti nelle profondità di un oceano fatto di un numero molto ma molto superiore di documenti irrilevanti. Per esempio, basta immaginate la conoscenza scientifica accumulata finora sulla teoria dei campi quantistici immersa nel mare costituito dalla produzione scientifica successiva, fatta di pubblicazioni su teorie peregrine e fantasiose come la teoria delle stringhe, e metodi questionabili e per versi risibili come la cosiddetta "corrispondenza AdS/CFT", che descriveremo meglio in seguito. Argomenti comunque in grado, per tutta una serie di motivi "umani", di attrarre e deviare l'attenzione degli studiosi, quindi alimentare un aumento illimitato della produzione di articoli su quegli stessi temi di ricerca, e conseguentemente distrarre l'attenzione da tutto il resto per un tempo indefinito. Se poi si considera che in base ai criteri di valutazione fondati sulla popolarità e il consenso si assegnano posizioni temporanee e permanenti in tutte le università mondiali alle persone che hanno lavorato, lavorano e sanno lavorare solo su quegli argomenti, si capisce che la memoria storica delle conquiste precedenti può essere persa in un battibaleno.

Chi ha contribuito alle conquiste più importanti della teoria dei campi quantistici è ormai morto o in pensione. Recuperare quella conoscenza richiederebbe di rileggere articoli scritti decenni fa, ripartire da allora, inimicarsi tutto l'ambiente scientifico e alla meglio finire marginalizzati, e tutto questo per continuare a progredire studiando problemi che oggettivamente sono diventati molto difficili, quando tutto il resto della società si limita a produrre articoli di bassa qualità su problemi artificiali e "nuovi", purché relativamente facili e di pronto consumo, e le posizioni all'università sono assegnate in base alla competizione a chi lavora più e meglio su quelli, e non a chi cerca di rivitalizzare la conoscenza uccisa. Questi fatti dimostrano che purtroppo è possibile anche per una civiltà dotata degli strumenti tecnologici di cui è dotata la nostra, perdere progressivamente e irrimediabilmente conoscenza. Più passa il tempo, e più diventa profondo l'oceano di sciocchezze sotto il quale è sepolto il vero progresso fatto finora e la conoscenza accumulata, e più difficile diventa recuperarlo. Figurasi ripartire da quello per iniziare un nuovo cammino.

Capitolo 3

Il tramonto del metodo scientifico

La ricerca fondamentale come spia di una situazione critica generale

> Ho capito che può succedere
> soltanto perché è già successo.
> Prima non l'avrei mai creduto possibile.

Nei secoli passati il metodo scientifico si è rivelato estremamente utile per studiare le leggi fisiche della natura, e ci ha permesso di mettere a frutto le conoscenze raccolte per migliorare la nostra vita. L'*era scientifica*, che facciamo cominciare dal 1630, è stata caratterizzata dal trionfo di quel metodo. Qui ci proponiamo di studiare il destino futuro del progresso che è stato sostanzialmente conseguito grazie a quel metodo, e il destino del metodo stesso. Per il discorso che vogliamo elaborare dobbiamo indagare il settore più avanzato della fisica teorica contemporanea, cioè la fisica fondamentale, o fisica delle alte energie, o fisica delle particelle elementari. Quelli su cui dobbiamo concentrare la nostra attenzione non sono aspetti scientifici e specialistici che potrebbero essere apprezzati soltanto dagli addetti ai lavori, ma aspetti sociali e comportamentali che possono interessare tutti i lettori. Aspetti che mostrano una serie impressionante di degenerazioni, nei comportamenti quotidiani e nelle pratiche abituali, che arrivano a mettere a repentaglio la conservazione della conoscenza, inibire l'applicazione dello stesso metodo scientifico, e precludere la possibilità di fare progresso.

Per una serie di motivi, la fisica delle altre energie è spesso una spia in grado di anticipare movimenti e tendenze più generali. Indagare il settore più avanzato è utile perché permette di apprezzare meglio quello che succede in tanti altri settori della scienza, e di percepire anticipatamente i sintomi quello che sta per succedere ovunque nella società. Il fatto di concentrare la nostra attenzione su un settore particolare non riduce l'importanza e la generalità del nostro discorso, perché quello che ci apprestiamo a mettere in evidenza non è specifico di quel settore, ma la spia di una tendenza generale. Potremmo prendere ad esempio un altro settore, e ciascuno potrebbe parlare del settore che conosce meglio per esperienza personale.

Infine, questa indagine ci serve per dimostrare che quanto abbiamo detto nel capitolo precedente è effettivamente possibile, infatti è già successo. Se non fosse già successo potremmo facilmente derubricare quelle considerazioni a mere speculazioni teoriche e continuare a sopravvalutare la specie umana e la sua capacità di capire i tempi.

In tanti settori della società esistono sprechi e investimenti a perdere, ma il caso che discuteremo è l'esempio di un vero e proprio investimento nel regresso, che continua da vent'anni. Ebbene sì: investire grandi risorse economiche in un settore che funziona nel modo che spiegheremo vuol dire alimentare e perpetuare le pratiche che hanno portato quel settore alla degenerazione e lo mantengono in quello stato. È qualcosa che ha conseguenze di gran lunga peggiori di quelle che avrebbe un'eventuale mancanza di sovvenzione e investimento, perché impedisce di uscire dalla situazione critica. Chi paga, che quasi sempre vuol dire il contribuente e lo Stato, è sicuramente interessato a sapere come vengono investiti i suoi soldi. Scoprire che la destinazione delle risorse non è quella preventivata, cioè agevolare il progresso, ma il suo esatto opposto, aprire le porte al regresso, potrebbe spingere i finanziatori a rivedere i criteri con i quali decidono i loro investimenti.

La fisica delle interazioni fondamentali, oggi fisica delle alte energie, è quella che viene testata in grandi esperimenti come il CERN di Ginevra. Per esempio, essa ha recentemente portato alla scoperta del bosone di Higgs, di cui hanno parlato i mezzi di comunicazione di tutto il mondo. Quella scoperta è stata sicuramente il coronamento di un successo di un modello teorico. Si tratta del cosiddetto Modello Standard, che ben descrive tre interazioni fondamentali della natura su quattro, e che per funzionare come previsto doveva contenere, tra le altre, anche una particella di tipo mai visto prima, appunto il bosone di Higgs. Il successo di quel modello è anche, più in generale, il successo delle conquiste teoriche moderne, in particolare la teoria dei campi quantistici, che ha approfondito ed elevato le scoperte già rivoluzionarie della meccanica quantistica. La teoria dei campi quantistici è il traguardo più alto mai raggiunto dalla conoscenza umana. Essa ha una valenza simbolica molto importante nel nostro discorso, perché ci dà una misura della capacità dell'intelligenza umana, ci mostra il punto più alto e più lontano a cui l'essere umano sia mai arrivato.

Il Modello Standard è un esempio particolare di teoria dei campi quantistici. Racchiude le interazioni elettromagnetiche, quelle forti e quelle deboli, mentre non riesce a descrivere in modo soddisfacente la gravità (quantistica), per la quale oggi dobbiamo accontentarci di un livello di comprensione molto meno avanzato di quello che abbiamo raggiunto col Modello Standard. Non c'è bisogno di entrare in ulteriori dettagli per seguire il discorso che vogliamo affrontare qui. Ci basti sapere che il successo del Modello Standard è anche un ottimo esempio di successo del metodo scientifico. Dopo il Modello Standard il problema che l'essere umano si è posto è stato cercare di capire cosa ci potesse essere oltre. Vedremo con quali risultati.

Gli argomenti di ricerca che in una certa fase storica sono considerati "fondamentali", col passare del tempo diventano meno fondamentali. Per esempio, le particelle "elementari" sono tali solo finché non si scopre, eventualmente, che non sono affatto elementari, ma composte di altre particelle più fondamentali di loro, come i protoni e i neutroni sono fatti di quark e gluoni. I settori di ricerca che si occupano di argomenti non più fondamentali sono per forza di cose "a esaurimento", nel senso che a un certo punto si stabilizzano, e si indirizzano alle applicazioni concrete, ma non forniscono più grandi stimoli alla ricerca fondamentale. La fisica dei sistemi elementari, quando quei sistemi cominciano ad essere compresi nella loro struttura complessa, diventa in un certo senso "chimica". Solo la scoperta di nuova fisica fondamentale può creare nuovi settori di ricerca, e permetterci di avanzare nella comprensione della natura. Quando questo succede si volta pagina, concentrando la propria attenzione sul più fondamentale, e consegnando il settore non più fondamentale a ricerche più applicative. La fisica fondamentale si sposta dunque di continuo. Di volta in volta va alla ricerca di ciò che è più elementare. Vent'anni fa ci siamo trovati nel momento in cui occorreva voltare pagina. Purtroppo, la pagina nuova era bianca. E tale è rimasta da allora.

Da allora si è caricata sulle spalle della fisica teorica una responsabilità che essa non era e non sarà mai in grado di sopportare. In questo settore non è più possibile per uno sperimentale pianificare un esperimento "fatto in casa", né bastano i fondi di ricerca di una piccola comunità. È necessario coinvolgere migliaia di persone e numerose nazioni. Nonostante le proibitive difficoltà di principio, qualcuno ha approfittato della situazione per vendere illusioni, e altri sono stati al gioco facendo finta di credere a quelle illusioni. Ci si aspettava dai fisici teorici quello che non potevano fornire: teorie nuove, nuove predizioni fisiche, frutto di pura e semplice elucubrazione mentale, senza il supporto di dati sperimentali, sbilanciando la relazione di equilibrio dinamico tra teoria ed esperimento che è propria del metodo scientifico. Mettere la teoria in posizione superiore all'esperimento è una forzatura che snatura completamente il metodo scientifico stesso e lo priva di ogni efficacia. Il metodo richiede infatti un va e vieni tra teoria ed esperimento, che nelle condizioni attuali della fisica fondamentale è diventato impossibile, o può richiedere centinaia d'anni.

Per afferrare meglio il concetto, mettiamoci di fronte ad un puzzle incompleto. Spesso possiamo intuire l'immagine che nasconde anche se soltanto il 60% dei pezzi sono al loro posto, ma è molto più facile indovinare quando sono il 90%. Sicuramente non pretendiamo di cogliere l'immagine del puzzle quando appena il 5% è a posto. La teoria di fronte all'esperimento è come un uomo di fronte a un puzzle. La teoria è in grado di cogliere il mistero del puzzle quando i dati sperimentali sono sufficientemente abbondanti da completare una gran parte di quel puzzle, diciamo dal 60% in su, ma alle volte la teoria arriva a decodificare il messaggio soltanto quando i dati sperimentali sono sufficienti a completare il 90% del puzzle. Allora riesce a identificare la struttura matematica che ci sta sotto, e predire in modo "spettacolare" il rimanente 40% o 10%. Così è stato per il Modello Standard, così in tanti altri casi.

Il discorso vale sia per la teoria generale, come per i sottoproblemi che essa coinvolge. Sarebbe molto difficile identificare quel 60% o 90% del puzzle se non fosse possibile scorporare tanti problemi minori dal problema maggiore, e procedere per quelli allo stesso modo: raccogliere dati finché si riesce a indovinare una struttura matematica sottostante, e poi metterla alla prova raccogliendo nuovi dati fino a perfezionare o estendere quella stessa struttura matematica. Nel caso del Modello Standard la procedura ha funzionato a meraviglia. Ma ora siamo nella situazione di chi dovrebbe predire quello che sta oltre, e riuscire a farlo *senza alcun indizio sperimentale*. Come indovinare l'immagine di un puzzle senza che alcun pezzo di quel puzzle sia al suo posto? Non ci si può sorprendere se i teorici abbiano finito collo sbizzarrirsi nel gratuito, prendendo cantonate a ripetizione, come la grandunificazione delle forze della natura, la supersimmetria e la teoria delle stringhe. Se poi si aggiunge che mancando nuovi dati sperimentali la natura non può fare da arbitro e per vari motivi non esiste nemmeno la possibilità di limitare con la forza della legge gli abusi che gli uomini sono naturalmente portati a commettere, si comprende facilmente che le più recondite pulsioni umane possono prendere il sopravvento. Per esempio, chi sostiene una linea di ricerca si adopera per imporla agli altri e per danneggiare tutte le linee di ricerca alternative. Considerando questo, ci si avvicina a comprendere il problema nella sua portata e globalità.

La gaia scienza

> *"Queste cose non mi piacciono di loro:*
> *non calcolano nulla, non effettuano controlli sulle loro idee*
> *e in ogni caso di disaccordo cucinano spiegazioni posticce per dire:*
> *«Beh, potremmo ancora aver ragione»"*
> Richard Feynman

Ci concentreremo su alcuni casi specifici, ma emblematici, del movimento involutivo generale, in particolare la teoria delle stringhe e i *mainstream* (cioè le tendenze dominanti) derivati da quella, quali la cosiddetta *dualità* e l'AdS/CFT, lasciando da parte gli aspetti tecnici, che sono irrilevanti al nostro discorso, e concentrandoci sugli aspetti sociologici e le conseguenze che essi hanno avuto sul regresso del procedere scientifico e la perdita di conoscenza generale. Menzioneremo brevemente anche idee e mainstream antecedenti la teoria delle stringhe, o contemporanei a quella, che hanno per così dire dissodato il terreno su cui è attecchita l'involuzione sistematica.

La prima grande idea in grado di attrarre l'attenzione generale e deviarla dalla via percorsa fino a quel momento, rivelatasi poi un clamoroso buco nell'acqua, fu quella della *grandunificazione* delle interazioni della natura, cioè l'idea che le quattro interazioni della natura, elettromagnetiche, deboli, forti e gravitazionali, siano in realtà diversi aspetti di un'interazione unica. A suggerirlo è un timido indizio di unificazione che ha luogo tra le interazioni elettromagnetica e debole nel Modello Standard. In realtà queste due interazioni non sono veramente unificate nel Modello Standard. Più correttamente si potrebbe dire che si mescolano tra loro in qualche modo. A noi la grandunificazione interessa principalmente per delineare la direzione generale dell'involuzione, che ha molto in comune con il movimento involutivo della società nel suo complesso. C'è infatti una serie di interessanti e curiose relazioni tra le tendenze della fisica teorica recente, cioè le idee fallaci propagandate artificialmente e diventate molto popolari negli ultimi trent'anni, e le tendenze della società globale. Tra le parole chiave di questa comunanza di intenti troviamo: uniformare, conformare, globalizzare, eliminare la diversità, piallare ogni anomalia. Si tratta in fondo di segni del nostro tempo. Per la cronaca, non è mai stata trovata alcuna conferma all'idea della grandunificazione, anzi le sue difficoltà a spiegare i dati sperimentali emersero quasi subito e l'idea fu abbandonata relativamente presto. Fu riesumata successivamente in contesti diversi, come appunto la teoria delle stringhe.

Un'altra idea accattivante fu la *supersimmetria*. Le particelle elementari sono dotate di definite proprietà statistiche, che stabiliscono il comportamento di insiemi di particelle identiche. Si classificano in *bosoni* (come il fotone e bosone di Higgs), dal fisico indiano Satyendranath Bose, e *fermioni* (come il protone, il neutrone e l'elettrone), da Enrico Fermi. Un numero illimitato di bosoni identici possono trovarsi nello stesso stato fisico, mentre due fermioni identici devono sempre trovarsi in stati fisici diversi tra loro. La supersimmetria postula che bosoni e fermioni siano facce della stessa medaglia, almeno nell'infinitamente piccolo.

L'idea della supersimmetria era nuova, ma il paradigma concettuale era ancora lo stesso della grandunificazione: ricondurre i molti, o il due, all'Uno, convertire ogni varietà o diversità in simmetria o similitudine, eliminare ogni possibilità di anomalia. Il numero di articoli scritti sulla supersimmetria nel corso degli anni, come pure il numero di conferenze tenute sull'argomento e le posizioni permanenti ottenute da chi lavorava e lavora su questo argomento, sono incalcolabili. A tutt'oggi non si registra alcuna evidenza sperimentale a favore di una simmetria come questa. A quasi quarant'anni dalla sua nascita i sostenitori della supersimmetria non sanno ancora fornire risposte esaurienti sul perché insistono a credere ad una proposta simile e sul perché abbiano creduto in essa per tanti anni.

Anche qui un nome grandioso, *super*simmetria, come prima (grandunificazione, per una proposta considerata *affascinante* da molti, ma che oggettivamente non racchiudeva alcuna intuizione straordinaria o particolarmente brillante. Questo aspetto curioso dimostra che la collettività degli scienziati era già pervasa allora da uno stato di eccitazione, ingiustificata quanto irrazionale, che si sarebbe intensificato successivamente.

Il passo logicamente successivo, ma cronologicamente contemporaneo alla supersimmetria, se non addirittura antecedente a quella, fu la *teoria delle stringhe*. Nel nome non sta nulla di roboante, ma basta un attimo di pazienza per ricredersi. Postulando che l'universo non sia fatto di "punti", ma di corde vibranti che vivono in due dimensioni extra, la teoria delle stringhe ambiva ad unificare tutte le forze della natura, contenere tutte le teorie dei campi quantistici come limiti particolari, spiegare in particolare la supersimmetria, far interagire infinite particelle, e riuscire a derivare tutte le interazioni fisiche senza alcun parametro libero iniziale. In sostanza, spiegare tutto a partire dal nulla. Per questo era anche chiamata la *Teoria Del Tutto* (in inglese, TOE, *Theory Of Everything*).

Se la supersimmetria ebbe un impatto sociologico notevole sulla comunità scientifica, la teoria delle stringhe fu più travolgente di uno tsunami. Da allora niente fu più come prima. Tuttavia, come nei due casi precedenti, non emerse mai alcuna evidenza sperimentale, e nemmeno teorica, a favore della teoria delle stringhe, che peraltro è una teoria incompleta, mal definita e alquanto confusa. I suoi sostenitori la considerano "la teoria più bella del mondo" e anzi sostengono che quella teoria sia *così bella che deve per forza essere vera*. Lungi dall'essere "una" teoria o la teoria del tutto, la teoria delle stringhe si rivelò presto un coacervo di teorie diverse, che predicono leggi fisiche molto diverse tra loro. In condizioni come quelle prospettate dalla teoria delle stringhe è oggettivamente impossibile fare predizioni fisiche univoche.

La teoria delle stringhe fu "rivoluzionata" nel 1995 quando si fece breccia l'idea di *dualità*, o equivalenza di teorie apparentemente diverse. Si tratta di un'elevazione del concetto di simmetria esposto sopra, per cui invece che avere una teoria in cui particelle apparentemente diverse, come i bosoni e i fermioni, sono in realtà facce diverse della stessa medaglia, si congettura che intere teorie siano facce diverse della stessa medaglia. Essendo, come detto, la teoria delle stringhe un coacervo di teorie diverse e scorrelate, la dualità venne in soccorso per mettere una pezza sopra quel grosso difetto, suggerendo che quelle tantissime teorie fossero in realtà tutte facce diverse della stessa medaglia, relazionate le une alle altre da opportune equivalenze. La dualità declinò verso la fine del 1997, lasciando un bilancio assai magro: molte curiosità e possibili relazioni fra modelli, nessun progresso certo rispetto ai due problemi fondamentali della fisica moderna,; molte congetture, molte speculazioni vane, tantissime autorisposte ad altrettante autodomande.

Tuttavia, il ritorno in grande stile era già pronto dietro l'angolo. Nel 1998 comparve la cosiddetta AdS/CFT[1], l'esempio più eclatante e meglio riuscito (sociologicamente parlando) della già malconcia *dualità*. L'AdS/CFT era una congettura che metteva in relazione certe teorie delle stringhe con certe teorie dei campi. Divenne un successo veramente strepitoso, senza precedenti nella storia. Basti pensare che l'articolo capostipite di quel mainstream, del 1998, è anche l'articolo più citato di sempre[2], addirittura più citato dell'articolo di Stephen Weinberg sul Modello Standard, che è del 1967. Ha ottenuto più citazioni di quello in un terzo del tempo. L'AdS/CFT riportò rapidamente in auge tutte le idee di dualità.

La dualità in generale, e l'AdS/CFT in particolare, furono propagandate e celebrate pubblicamente dai loro sostenitori come *il nuovo metodo* per formulare e risolvere i problemi aperti della fisica teorica. L'idea di fondo era che in base alla presunta equivalenza di due teorie, possiamo scegliere se calcolare una quantità fisica dove lo sforzo da fare è minore.

Accanto a queste tendenze maggiori ve ne furono tante altre minori. Si trattava di argomenti capaci di attrarre consenso di dimensioni grandi o medie per un certo tempo, e poi eclissarsi. Su questi non ci soffermeremo troppo per non tediare il lettore, visto che sono tutte variazioni sullo stesso tema di fondo e partono dalla stessa premessa, la pretesa di unificare, simmetrizzare o mettere spettacolarmente in relazione argomenti apparentemente diversi.

---

[1]La sigla AdS si riferisce agli spazi metrici detti *Anti-de Sitter*, che sono particolari soluzioni delle equazioni di Einstein con costante cosmologica, e la sigla CFT (*Conformal Field Theory*) si riferisce a teorie dei campi quantistici dotate di una simmetria particolare, detta conforme.

[2]Fonte: InSPIRE http://inspirehep.net

Purtroppo anche la conclusione a cui arrivarono fu la stessa: il fallimento e il ritorno all'anonimato.

Poco prima di morire Richard Feynman, uno dei più grandi teorici dei campi quantistici, nonché premio Nobel per la fisica 1965 e colui che spiegò l'incidente occorso allo Shuttle nel 1986, disse degli stringhisti: "Queste cose non mi piacciono di loro: non calcolano nulla, non effettuano controlli sulle loro idee e in ogni caso di disaccordo con l'esperimento cucinano spiegazioni posticce per dire: «Beh, potremmo ancora aver ragione»". In un'altra occasione disse che la teoria delle stringhe, lungi dall'essere la tanto sbandierata "teoria del tutto" era in realtà la "teoria di qualunque cosa non si possa sperimentalmente testare". E ancora: "i teorici delle stringhe non fanno predizioni, fabbricano scuse!"

I "loro" a cui si riferiva Feynman erano appunto i teorici delle stringhe, cioè in quel momento un sottogruppo di persone che insistevano su idee strambe, le difendevano con metodi discutibili e seguivano canoni non ortodossi. Poi "quelli" divennero "tutti", e per la scienza furono dolori...

Negli USA la teoria delle stringhe fu abbandonata circa otto anni fa. Il sistema americano, che è impietoso, sfruttò quella teoria finché poteva trarne vantaggio (che vuol dire guidare la ricerca mondiale in quel settore, costringere gli altri paesi ad accodarsi, il tutto al di là della bontà o meno di quella come di altre linee di ricerca, o della sua importanza per fare progresso) e poi la gettò brutalmente nel cassonetto, come in realtà avrebbe dovuto fare molto tempo prima, senza permetterle quell'invasività che portò la fisica teorica delle altre energie alla metastasi odierna. In altre parole, da otto anni negli Stati uniti non vengono più banditi posti permanenti per chi si occupa della teoria delle stringhe, o ne vengono banditi pochissimi. Chi proviene da quel dominio di ricerca decide di emigrare (per esempio va a cercare fortuna nel vicino Canada), oppure si ricicla occupandosi di argomenti più "spendibili", come gli studi sulla materia oscura, l'energia oscura, l'astrofisica e la cosmologia. Ovviamente, gli stringhisti che prima di quella data riuscirono ad ottenere posti permanenti nelle universià americane e non, scalzando gli altri, sono ancora là dove stavano e continuano a "produrre", e anche a influenzare pesantemente la ricerca mondiale nel settore teorico. Infatti, ancora oggi gli europei, e recentemente ancor più gli asiatici, sono abituati a condannarsi volontariamente alla subalternità. Gli stringhisti oggi in attività negli USA sono comunque in numero e proporzione di gran lunga eccessivi rispetto a quella che dovrebbe essere una sana distribuzione delle forze per domini di ricerca, e quindi continua a sopravvivere l'impressione che nel mondo i fisici teorici non facciano praticamente altro che teoria delle stringhe. Gli altri paesi, poi, sempre perché abituati a farsi trainare dali Stati Uniti invece che prendere iniziative indipendenti, reagiscono in ritardo anche alla scomparsa di un filone di ricerca. Il risultato è che in Italia ancora oggi, a otto anni dalla morte della teoria delle stringhe, gli stringhisti riescono a farsi dare enormi finanziamenti dal ministero (i cosiddetti PRIN) e dall'INFN (le cosiddette iniziative specifiche). Non solo, ma riescono ancora ad ottenere posti permanenti nelle università per i loro seguaci, sempre in numero enormemente spropositato rispetto alla scarsa o quasi nulla significatività scientifica di un filone di ricerca come quello.

Mainstream

> "È del poeta il fin la meraviglia
> (parlo dell'eccellente e non del goffo):
> chi non sa far stupir, vada alla striglia!"
> Gianbattista Marino

La madre di tutte le congetture. La dualità è una simmetria che mette in corrispondenza modelli e situazioni limite molto diversi tra loro. L'idea è che modelli apparentemente diversi siano in qualche modo equivalenti, cioè la stessa teoria osservata da punti vista differenti. A livello pratico, si cerca di comporre una specie di *vocabolario* in modo da decodificare la presunta relazione fra la prima teoria e la seconda, traducendo l'una nell'altra parola per parola, simbolo per simbolo, formula per formula. Sperabilmente questo vocabolario dovrà non dipendere dai modelli concreti presi in esame e rivelare principi del tutto generali da utilizzare successivamente, magari per fondare una teoria dei campi più evoluta. Tutto dipende dalla chiarezza e completezza del vocabolario in questione.

Si può facilmente intuire che un compito del genere è ambizioso, quanto peregrino. Fantascientifico, si potrebbe dire. Per forza di cose, la dualità si rivelò una serie intricatissima di congetture dalla validità assai dubbia e comunque difficilmente testabile o falsificabile. Quasi sempre si trattava di far corrispondere una situazione ignota ad una nota, per rimuovere l'ignoranza della prima usando la seconda. Ma se una delle due situazioni è ignota, su cosa si basa la convinzione che la congettura sia fondata? Si facevano bastare indizi molto scarni, tipicamente quantità matematiche e fisiche coincidenti nei due casi. Troppo poco per un programma tanto grandioso. Tenere sotto controllo la propagazione degli errori causata da un procedere simile si rivelò impossibile.

Il teorico delle stringhe si illude di poter trovare una strada infinitamente più semplice di quella della teoria dei campi per fare calcoli in due passaggi e arrivare direttamente alla soluzione completa di un problema. Con la dualità pretese di arrivare direttamente alla soluzione di un problema complicato vedendolo come il *riflesso* di un problema semplice nella teoria duale. Il risultato fu che furono prodotte parecchie "soluzioni" di problemi, ma... non si poteva dire con precisione di quale problema quelle fossero soluzioni. Costruzioni inutili, dunque, ma con questo sistema il teorico delle stringhe poteva scrivere, dal punto di vista esclusivamente pratico, non uno ma centinaia di articoli, con grande facilità, senza far fare alla fisica progresso alcuno. Se la costruzione che sceglieva era particolarmente elegante dal punto di vista matematico, il suo articolo aveva magari successo, che poi voleva dire dare il via ad un mainstream che durasse quattro-sei mesi, o un anno al massimo, e gli permettesse di raccogliere molte citazioni.

In pratica la dualità si tradusse in una costruzione arbitraria: definiamo *duale* di una teoria la teoria ottenuta applicando la corrispondenza tale... In questo modo il duale di teorie note era spesso una teoria ignota, per cui si cominciò a postulare l'esistenza di molte teorie mai sentite prima, pur di preservare il concetto forzato di dualità. Insomma, più che di un risultato fisico e matematico, la dualità divenne una costruzione mentale, un dogma di fede, ritenuto vero a priori, e convalidato a suon di forzature.

La dualità voleva essere un *metodo* e divenne subito un *postulato*. Non esistendo una regola generale per associare ad una teoria un suo presunto duale, occorre procedere caso per caso. L'idea di equivalenza fra modelli è chiaramente un concetto assai ambiguo se, come succede in effetti, il vocabolario di traduzione non è universale, ma dipende dalla coppia di modelli messi in relazione. Date due teorie particolari, si può *sempre* forzare una corrispondenza tra loro. La rete di relazioni fu così complessa che non fu possibile operare alcuna sintesi che si spingesse oltre il semplice elenco delle coppie di modelli messi in relazione. E la corrispondenza, in ciascun caso particolare, era sempre presunta, cioè a livello di congettura, pura speculazione supportata da coincidenze minime.

La corrispondenza AdS/CFT fu praticamente uno "spinoff" della dualità. Come già ricordato, divenne la più popolare congettura di dualità della storia, e il suo articolo capostipite è oggi anche l'articolo più citato di sempre, più dell'articolo di Weinberg sul Modello Standard. A cosa serve l'AdS/CFT? Secondo i suoi sostenitori permette di fare letteralmente tutto.

Il metodo della moltiplicazione dei peli. Gli ultimi vent'anni della storia della fisica teorica sono stati spesi alla ricerca di "curiose relazioni matematiche" tra teorie diverse. Capita non di rado di ritrovare concetti e strutture matematiche simili in settori abbastanza diversi tra loro. Appena un teorico delle stringhe scorge qualche indizio di somiglianza, per esempio calcola alcune quantità in due contesti e trova inaspettatamente, anzi "miracolosamente", gli stessi risultati, pubblica un articolo congetturando la completa equivalenza dei due insiemi di idee o teorie, o di due interi sottosettori del sapere. Spesso le ipotetiche congetture sono giudicate molto accattivanti dagli esperti del settore e raccolgono un seguito notevole.

Per dare un'idea concreta di quello di cui stiamo parlando, supponiamo di trovarci in una stanza completamente buia, di fronte ad un essere vivente che vogliamo identificare. Per qualche motivo, però, possiamo solamente avere dei contatti fisici con alcune parti del suo corpo. Dopo un'indagine sommaria scopriamo, per esempio, che quell'essere vivente ha, esattamente come noi, mani e piedi di 5 dita ciascuno. Non può essere una coincidenza! Deve essere una specie di miracolo: eccitati saltiamo alla conclusione che quell'essere vivente è equivalente a noi, cioè è un essere umano. Poi qualcuno accende la luce e scopriamo che è un gorilla...

Purtroppo accendere la luce non è così semplice in fisica e quindi molti teorici perseverano nel sostenere che l'essere misterioso è un essere umano, finché la congettura non viene abbandonata quando muore di morte naturale, cioè finalmente comincia a perdere gradualmente di attrattiva e interesse, soprattutto se nel frattempo ne è emersa un'altra simile, ma sufficientemente diversa o più attraente da essere spendibile per un altro po' di tempo.

I casi in cui le equivalenze funzionano effettivamente sono esempi semplici di interesse esclusivamente accademico e senza applicazioni fisiche. Sono quelli che forniscono il pretesto per giustificare proliferazioni gratuite ed incontrollate, che servono unicamente a fare gruppo attorno ad un argomento artificiosamente pompato, in modo da pubblicare articoli con relativa facilità e raccogliere altrettanto facilmente un cospicuo numero di citazioni. Per il resto, le relazioni congetturate si sono sempre rivelate dei grandi buchi nell'acqua. Inizialmente propagandate come "metodo" per fare calcoli altrimenti molto difficili (in base alla presunta equivalenza di due teorie posso scegliere di calcolare la stessa quantità dove lo sforzo da fare è minore), si rivelarono inutili perché troppo vaghe e ambigue. Applicando le regole di questo "nuovo metodo scientifico", non si è mai sicuri di come tradurre una nuova quantità fisica, perché la corrispondenza non è abbastanza precisa e generale. Costretti a calcolare le quantità in entrambe le teorie, si forza la corrispondenza mettendo in relazione i risultati anche se non stanno in relazione alcuna.

Come dire che nell'esempio della stanza buia, con un essere vivente che ha mani e piedi di cinque dita ciascuno, si riesca a misurare, per esempio, il peso del suo cervello. Notato che non coincide neanche lontanamente con il peso del cervello umano, non si pubblica un articolo per confutare la congettura, perché se così si facesse ci si inimicherebbe un bel po' di gente e l'articolo sarebbe respinto o pubblicato dopo mesi e mesi di peregrinazioni da una rivista all'altra. Invece, non ci si perde d'animo e si cambia la congettura, così si è sicuri che l'articolo verrà accettato. Nella nuova versione della congettura si sostiene che quell'essere vivente misterioso non è completamente equivalente a un uomo, ma si può ottenere da un uomo applicando un opportuno fattore di scala, che faccia combaciare i pesi dei due cervelli. Poi, magari, si fa un ulteriore indagine e si scopre che quell'essere è ricoperto di peli, e allora si cambia la congettura una seconda volta per spiegare che non basta un fattore di scala per relazionare quell'essere a un uomo, ma bisogna anche inserire una "correzione non-perturbativa" quale la *moltiplicazione dei peli...* Chiaramente, il potere predittivo di un "metodo" del genere è nullo. Ma volete mettere quante pubblicazioni si possono scrivere andando avanti di questo passo?

Le congetture sconfinano spesso nel tautologico, nel vago, nel non-falsificabile, e nel ridicolo. Tuttavia, non solo vengono usate per motivare pretese assurde riguardo al raggiungimento prossimo venturo della "spiegazione di tutto", ma quasi mai vengono pubblicati articoli "contro" (e comunque non verrebbero facilmente fatti passare dalle riviste) anche perché gli "scienziati" colpevolmente omettono di mostrare le incongruenze, i dubbi, le inconsistenze delle loro ricerche in questi campi. Se qualcosa non torna, infatti, è sempre possibile coprirlo con altre approssimazioni vaghe o con ulteriori ipotesi *ad hoc*, cioè altre congetture che rimandino al domani. Come detto, il gioco è paragonare formule simili in limiti diversi di teorie diverse per sostenere che in quei limiti le teorie sono equivalenti, ma se capita che le formule non coincidano in tutti i loro termini, ma solo alcuni, allora si ipotizza spesso e di buon grado che i termini rimanenti "si sistemeranno sicuramente, anche se non è ancora del tutto chiaro come" e che, almeno per il momento, si possano trascurare. Tutti capiranno il linguaggio in codice: l'idea non funziona tanto bene, e non è più "spendibile", ma non lo possiamo dire apertamente, per non perdere la faccia, e allora diciamo invece, più diplomaticamente, che "rimangono degli aspetti da chiarire". Quella materia verrà progressivamente abbandonata e non la riprenderà in mano più nessuno di coloro che l'avevano sostenuta a tamburo battente. Rimarranno ad occuparsi di quel filone soltanto gli ingenui che non riescono a decifrare il linguaggio ipocrita della comunità scientifica contemporanea.

Certamente, uno dei fascini della ricerca scientifica è che non è mai tutto chiaro, definitivo, ma non si è mai visto nella storia che ciò venga usato impunemente e sistematicamente per coprire incongruenze. La volontà insistente di dichiarare d'autorità un'idea corretta anche se indimostrabile, per quanto mai supportata da dati e anzi mal definita, è propria di tutti i gruppi che lavorano sulla teoria delle stringhe e argomenti affini. Altrettanto dicasi dell'insistenza a far passare quella e altre congetture come vere per *definizione*, quasi che questo procedere assurdo possa costituire un nuovo metodo da impiegare per fare scienza. E ancora, l'assurda idea che si possano prendere per buoni i risultati ottenuti applicando quel metodo senza averlo mai veramente messo alla prova, tranne in casi marginali, ambigui ed insignificanti, che però gli stringhisti celebrano come predizioni straordinarie - quando in realtà si è sempre trattato di post-dizioni, cioè di derivazioni di qualcosa di già noto per altra via, spesso banali coincidenze di strutture matematiche presenti in contesti diversi. Per non dimenticare i numerosissimi casi passati sotto silenzio in cui il metodo si è rivelato fallace, oppure i casi di post-dizioni forzate, perché essendo il metodo ambiguo lo si può piegare ai propri desideri del momento. A chiusura del cerchio, la distribuzione di premi a chi segue meglio le linee-guida. Ma su questo e altro torneremo al momento debito. Naturalmente, un *metodo* con queste lacune è tutto tranne che un metodo, ma protetti dal fatto che tanto nessuno è in condizione di sollevare critiche o dubbi, anche perché chi lo fa viene marginalizzato o costretto a lasciare la fisica, la comunità scientifica contemporanea procede senza ostacoli lungo la strada che abbiamo descritto.

Oltre ad essere esotiche e strane, nella maggior parte dei casi le idee immesse in circolazione nell'ambito della teoria delle stringhe non possono nemmeno essere dimostrate errate o infondate. Diciamo "nella maggior parte dei casi", perché ci sono anche numerosi casi in cui le quelle idee sono confutate dai dati sperimentali, solo che quei casi vengono tipicamente passati sotto silenzio. Inoltre, come ci ricorda Feynman, gli stringhisti sono sempre pronti a cucinare spiegazioni *prêt-à-porter*, cambiando qualche parametro qui e qualche parametro là o facendo altro *maquillage* del genere, per sostenere che la loro teoria potrebbe essere corretta nonostante tutto. Tenuto conto di questo, si può senz'altro dire che "nella totalit'a" dei casi le proposte degli stringhisti non sono fisicamente testabili. Spesso sono mal definite o tautologiche, e nelle pubblicazioni scientifiche specializzate sono addirittura esposte con eccessiva superficialità e *naïveté*. È la fretta tipica di chi *sa* di parlare di cose su cui non vale la pena soffermarsi troppo a riflettere, perché tanto tale sforzo sarebbe comunque del tutto vano.

Oggi molti articoli scientifici, soprattutto quelli che riguardano la teoria delle stringhe, sono scritti con grande superficialità e approssimazione. Un'approssimazione che non si trova, invece, negli articoli del periodo iniziale della teoria, vuoi perché allora le speranze dei suoi sostenitori erano sincere, vuoi perché la comunità scientifica non era ristretta ai soli stringhisti, e quindi gli autori di quei lavori erano costretti a misurarsi con obiezioni e critiche, e ad affrontare un certo tipo di analisi che oggi manca completamente. Da anni le riviste non operano più un filtro adeguato che costringa gli studiosi ad elaborare e a spiegare con cura i propri risultati, se questi sono in linea con le tendenze del momento. In questo modo, anche le idee finiscono per acquistare un carattere di superficialità e provvisorietà. All'inizio, cioè tra i primi anni 1970 e la fine degli anno 1980, le idee degli stringhisti potevano essere considerate alla stregua di ciascuna altra proposta, pur con le cautele e il sospetto che Feynman aveva colto fin da subito. Tuttavia, come era inevitabile, viste le premesse, quelle idee diventarono a poco a poco totalizzanti, creando un vero e proprio *sistema*. Oggi non esistono proposte alternative, se non confinate ai margini della comunità, e per quanto riguarda la maggior parte degli studiosi non hanno nemmeno diritto di esistere, a meno che non siano diramazioni delle stesse idee-madre.

Grazie al mainstream della dualità, in cui era richiesto riporre fiducia dogmatica, in base al principio del fare sistema e al principio d'autorità, si propagandò per anni la credenza in un approccio rivoluzionario alla teoria dei campi, alla fisica e alla scienza in generale, praticamente un nuovo metodo scientifico. Furono organizzate decine se non centinaia di conferenze in tutto il mondo per propagandare quell'approccio, furono distribuiti posti e cattedre alle università, furono fatte e fatte fare carriere, furono scalzate persone valide e promossi i "followers" di quel mainstream, furono pubblicati con facilità migliaia di articoli scientifici allineati e furono ostacolati con gratuità i pochissimi articoli non allineati, si crearono forme di controllo e nuove autorità, si distribuirono premi e riconoscimenti. Oggi quelle autorità prendono decisioni che hanno un peso determinante sulla vita degli altri scienziati, e dunque anche sulla scienza nel suo complesso, in particolare il suo futuro, indirizzano la ricerca, vengono chiamate "esperte" dai "non esperti", sono consultate da coloro che devono investire e chiedono lumi sullo stato della scienza attuale. Molti studiosi sparsi per il mondo, soprattutto in Cina, si sentirono in diritto di scrivere articoli altrettanto superficiali, creare e seguire propri mainstream con altrettanto pressappochismo, perché se un comportamento era lecito agli uni doveva essere necessariamente lecito anche agli altri.

Così si fece breccia la scienza degli effetti speciali, dei fuochi d'artificio: la scienza che abbaglia, che distrae, intrattiene, vende intrattenimento, che si consuma e si butta, una scienza barocca. Oggi la preoccupazione principale dello scienziato è stupire cogli effetti speciali, balenando la possibilità di miracolose corrispondenze tra teorie completamente diverse tra loro. Le conferenze e i seminari sugli argomenti del mainstream sono una interminabile lista di argomenti accattivanti, *impressive* per dirla con gli americani, che raccontano di sorprendenti (ma solo presunte) relazioni fra idee e concetti apparentemente lontani, di altisonanti richiami matematici, l'enunciazione martellante di strabilianti risultati "possibili", che (sembra sempre) siamo sul punto di raggiungere e però mai raggiungiamo effettivamente. Le tecniche di persuasione consistono in enfasi dosate ad arte, con rapidità e abilità che spesso lasciano senza fiato.

Il risultato finale di tutto ciò è la creazione di un *environment*, cioè un ambiente, in cui l'attenzione generale viene centralizzata, riducendo l'indipendenza e la libertà di pensiero. La *pressione ambientale* favorisce e stimola l'emulazione, col risultato che un numero sempre crescente di persone adotta le tecniche dialettiche dominanti, e quelle finiscono per diventare parte integrante del linguaggio usato nelle pubblicazioni scientifiche, al posto di formule, argomentazioni rigorose e confronto con l'esperimento. A poco a poco si raggiungono forme di asservimento indotto e spontaneo. Il sistema seleziona le persone "migliori" fra moltissimi candidati secondo il grado di abilità nell'arte dell'impressionare. La competizione e la meritocrazia vengono snaturate e si rivelano dannose più che utili.

È chiaro che finanziando questo tipo di ricerca si danneggia la ricerca stessa, perché non si tratta soltanto di spreco di denaro, quale potrebbe essere il finanziamento di un settore inutile ma non dannoso. Qui si parla di risorse spese più o meno consapevolmente per finanziare il progressivo avvelenamento della ricerca mondiale.

Gli articoli dei mainstream sono scritti in modo vago e generico. La maggior parte delle idee (se così si possono chiamare) vengono trasmesse *per tradizione orale*, cioè attraverso i seminari. Dell'articolo si legge principalmente l'*abstract* (il sommario iniziale), l'introduzione e la bibliografia. Poi, se i risultati dichiarati sono quelli "giusti", cioè in linea con le aspettative di chi lavora nel mainstream, si invita l'autore a parlarne presso la propria università, tenendo un seminario. Quando l'articolo da esaminare si occupa dei temi del mainstream e propone tesi in accordo colle idee dominanti, scattano atteggiamenti molto benevoli ed indulgenti, un'indulgenza che veicola la propagazione di errori anche grossolani. Nemmeno i *referee*, gli esperti consultati dagli editori per valutare la pubblicabilità di un articolo su rivista, eseguono un controllo accurato sulle idee proposte, se si inquadrano nei filoni che raccolgono maggior consenso. Se poi l'articolo cita a dovere i gruppi più influenti, la sua accettazione e la pubblicazione avvengono con sollecitudine.

Il linguaggio usato negli articoli è talmente vago che riprodurre i risultati in modo indipendente è spesso impossibile. D'altra parte, respingere un articolo per questo motivo richiederebbe alla rivista di respingere per lo stesso motivo quasi tutti gli articoli che le vengono sottomessi per la pubblicazione, perché la propensione alla trascuratezza è molto diffusa. Da ultimo, la maggior parte delle pubblicazioni contiene speculazioni sulle quali non è in programma alcun esperimento a breve, quindi non è così urgente fare controlli a dovere. In definitiva, ci si basa sulla fiducia, sull'autorità e sulla reputazione.

Nelle pubblicazioni scientifiche che si inquadrano nei mainstream occorre convincere, per avere successo, ma non nel senso di dimostrare, bensì nel senso di persuadere i lettori. E soprattutto occorre impressionare, perché se le affermazioni risultano impressionanti, il lettore capirà che seguendo quell'articolo, qualunque sia il suo contenuto, valido o meno, corretto o meno, rilevante o meno, potrà raccogliere numerose citazioni. Anzi, prima l'autore si mette in scia e segue la corrente, più citazioni raccoglie. Inoltre è consigliabile coltivare una rete di rapporti di conoscenza e familiarità colle persone del giro giusto, per essere invitati alle conferenze, inseriti tra gli *speaker* (oratori) principali, e così aumentare il proprio seguito a cospetto del mainstream.

Quando si esplora l'ignoto non si può sperare di fornire subito e sempre risposte certe e definitive. Alle volte è necessario procedere per tentativi, quindi ci sono molte situazioni in cui brillanti intuizioni e mere speculazioni o congetture possono essere estremamente utili, fornire ispirazione. Anche Feynman, come qualunque altro scienziato, dovette, nel corso della sua carriera, destreggiarsi tra risultati che poteva dimostrare e proprietà che all'inizio poteva soltanto intuire vagamente. Al contrario, oggi il ricorso a congetture è usato in modo sistematico come scorciatoia per battere la concorrenza sul tempo, imporre tendenze e creare una competizione artificiale. Siamo arrivati all'estremo opposto, alla mancanza completa di serietà, che rende una parte maggioritaria della ricerca attuale un puro e semplice fenomeno da baraccone. Le pubblicazioni sono di una sciatteria senza precedenti, fatte di argomentazioni e idee puramente speculative che non sono dimostrabili nemmeno in principio, non sono sperimentalmente testabili, non sono falsificabili. Al livello di un talk-show o di una chat-line. Recentemente si è superato ogni limite arrivando a premiare addirittura idee che non solo non sono inconfutabili, ma sono addirittura sbagliate e confutabilissime. Giustificando la cosa dicendo che comunque ha stimolato un fruttuoso dibattito. Lascio immaginare quanto possa essere fruttuoso il dibattito su un errore che può identificare subito uno studente sveglio del quart'anno di università.

Con quale criterio si decide che un lavoro speculativo e gratuito è interessante, va pubblicato e seguito, penalizzando tutti gli altri filoni di ricerca o quasi, se non il criterio dell'autorità e del consenso? A poco a poco i principi d'autorità e del consenso si imposero come criteri guida.

Analizziamo alcune argomentazioni tipiche tratte da convegni conferenze, in forma di domanda e risposta.

Domanda 1. Come si fa a dimostrare che la vostra idea funziona davvero?

Risposta 1. Non so come spiegarlo più chiaramente, ma *credo fermamente* che sia giusta; forse si può chiamare dimostrazione, forse si deve chiamare congettura, ma sono *assolutamente convinto* che funzioni.

Domanda 2. Ma cos'è quella teoria che, dite, dovrebbe spiegare tutte le dualità delle stringhe?

Risposta 2. Cosa sia di preciso questa teoria non lo sa nessuno. Forse è essa stessa una teoria di stringa, forse è una teoria di membrane, o di *d*-brane, o di *p*-brane, o di membrane twistate, o di M-brane, o di tutto questo messo insieme.

Domanda 3. Come fate a fare affermazioni su una teoria che non conoscete?

Risposta 3. La teoria non è stata ancora identificata chiaramente, ma noi *crediamo fermamente* che esista e gli *indizi* che sto offrendo mostrano chiaramente che questa è la *via giusta*. Se si postula l'esistenza di questa teoria, infatti, ci si aspetta che si possano riassumere molte simmetrie di dualità di stringa in una pittura semplice ed elegante. L'abbiamo chiamata la "teoria M". M potrebbe stare per "membrana", come potrebbe stare per "madre". Oppure "teoria M" potrebbe stare per "teoria del mistero".

Le situazioni raccontate qui sono state tratte pari pari da convegni, seminari, conferenze e pubblicazioni. Non sono libere ricostruzioni o invenzioni dell'autore di questo libro, per quanto possano sembrare assurde a qualunque lettore. Non solo, sono le affermazioni dei teorici delle stringhe più quotati, che poi venivano imitati dai loro gregari. Il risultato fu che cominciò a diventare abitudine esprimersi con un linguaggio sempre più approssimativo e superficiale, e questo tipo di comportamenti si diffusero senza incontrare ostacoli, fino a toccare livelli che tutte le persone non plagiate giudicherebbero imbarazzanti.

È difficile rendere le proprie argomentazioni *impressive* quando si lavora con rigore e metodo. Se si vuole stupire è assai più semplice speculare liberamente su risultati possibili senza perder troppo tempo a motivarli. Non è necessario fare affermazioni vere, è sufficiente fare affermazioni plausibili, verosimili, credibili, o almeno che appaiano tali ai gruppi influenti di turno, e soprattutto non immediatamente smentibili. Negli anni della dualità si fecero strada miriadi di congetture di questo tipo, che alludevano a risultati accattivanti, ma sempre e solo presunti. Esse alimentarono una vivace competizione tra *followers* (gregari) a cercare esempi che confermassero le congetture in casi particolari, per fornire evidenze a favore. Di regola chi trovava dei controesempi li accantonava frettolosamente. L'atteggiamento prevalente presso i gregari è che quando non si riesce a far funzionare la congettura nel caso considerato, non è la congettura che ha delle lacune, ma "siamo noi che non abbiamo ancora compreso la congettura in modo corretto". Spesso si adatta la congettura per mezzo di forzature per far tornare il risultato voluto. In definitiva, non è mai possibile smentire una congettura sostenuta su queste basi. Allo stesso tempo si comprende facilmente che una congettura "dinamica" come questa non può essere di alcuna utilità.

I difensori delle congetture, come della teoria delle stringhe in generale, sostenevano che le loro erano le uniche proposte in circolazione e che i loro metodi erano gli unici che permettevano di dire almeno qualcosa di concreto, considerate le difficoltà proibitive dei problemi rimasti aperti nella fisica fondamentale, in particolare la teoria dei campi quantistici. Sfidavano i critici a fare proposte alternative, invece che limitarsi a scagliarsi contro di loro. Le loro testuali parole erano: "la teoria delle stringhe è a tutt'oggi l'unica proposta sul *mercato*"; "la teoria delle stringhe è l'unica teoria in circolazione candidata a spiegare..., unificare..." Tecnicamente, era vero, ma soltanto perché il "mercato" era stato prima svuotato da quelle stesse persone per fare posto solo e unicamente alle stringhe.

Su una cosa, avevano ragione gli stringhisti: ormai la comunità scientifica è un vero e proprio *mercato*. In sostanza, chi fa la proposta che riscuote maggior consenso non deve essere costretto a difenderla, ad argomentarla, perché il consenso raccolto basta e avanza a "corroborarla". Al contrario, spetta a chi insiste a metterla in discussione l'onere di confutarla, per quanto vaga, e allo stesso tempo avanzare proposte alternative. Come se per criticare le pretese della teoria delle stringhe e i metodi applicati per sostenerle si dovesse essere in grado oggi di unificare davvero tutte le interazioni della natura, ammesso che ciò abbia senso e sia possibile, oppure spiegare prontamente la gravità quantistica, compito che potrebbe richiedere secoli, e così via. In ogni caso, presentare proposte tanto per presentare proposte, alternative o meno a quelle esistenti, non è un comportamento razionale, e può distrarre la discussione sugli aspetti tecnici invece di mettere l'accento sulla sostanza del discorso, che va ben oltre gli specifici argomenti di ricerca, ma riguarda la scienza stessa.

In pratica, si instaurò a poco a poco il criterio secondo cui *fino a prova contraria è valida la teoria che riscuote il maggior consenso*. Secondo questo criterio, finché qualcuno non si decide a spendere il suo tempo non a fare ricerca propria, ma a confutare le vaghe affermazioni degli stringhisti, rimangono valide le spiegazioni della teoria delle stringhe, rimane valida la gravità quantistica così com'è descritta e predetta dalla teoria delle stringhe[3], e avanti di questo passo. Ovviamente, tali criteri possono avere senso soltanto all'interno di una comunità settaria, ma nel momento in cui quella si allarga fino a inglobare tutta la comunità scientifica possono diventare criteri generali e contaminare tutto.

In altre parole, le proposte sorrette dal consenso popolare cominciarono ad essere trattate come se fossero di diritto sensate, fondate, rilevanti. A nessuno l'onere di dimostrarle. Non necessario. Agli altri, gli eventuali scettici, il compito di confutarle, oppure fornire prontamente proposte alternative. Secondo lo scriteriato criterio di valutazione che si è ormai radicato nella comunità scientifica, le proposte alternative dovrebbero essere o le soluzioni dei difficili problemi rimasti aperti, oppure più semplicemente altre proposte qualsiasi, gratuite come quelle degli stringhisti, ma in grado di raccogliere un consenso ancora maggiore di quello raccolto dalle proposte degli stringhisti. E dovrebbero raccogliere quel consenso in un ambiente formato nella stragrande maggioranza di teorici delle stringhe, per cui finirebbero per essere derivati o cloni delle proposte già esistenti.

Lascio al lettore immaginare quanto tempo e sforzo occorrano per confutare congetture vaghe e ambigue come quelle che circolano da anni, sapendo poi che i loro autori potranno sempre cavillare, cucinare spiegazioni ad hoc, e modificare le congetture in modo da farci rientrare tutto ciò che vogliono. Il tempo investito per fare questo tipo di lavoro sarebbe tempo prezioso sottratto alla ricerca vera. Tempo che, giustamente, nessuno è disposto a buttare così. Pertanto, in mancanza di confutazioni la congettura non trova ostacolo e veleggia verso il consenso.

Col metodo delle congetture seguite da controlli di consistenza col "già noto" o "l'accettato" o "ciò che riscuote consenso" presso la comunità scientifica, non c'è praticamente nessuna speranza di rimettere in discussione il già noto, o di rintracciare errori in esso. Ovvio, dunque, che questo procedere sia

---

[3]Da sempre gli stringhisti sostengono che la loro teoria spiegherebbe la gravità quantistica, cioè realizzerebbe la tanto agognata sintesi, ancora oggi mancante, tra la Relatività Generale e la meccanica quantistica. Si tratta di uno dei tanti argomenti di propaganda privi di fondamento.

assai gradito al sistema sociale e sistema di relazioni che ha preso possesso della scienza. Con questo procedere non c'è nessun pericolo di rimettere in discussione i fondamenti di quel sistema.

Si ricordino a questo punto le parole di Richard Feynman sui teorici delle stringhe: non calcolano nulla, non effettuano controlli sulle loro idee, e in ogni caso di disaccordo cucinano una spiegazione posticcia per dire che la loro teoria potrebbe funzionare comunque. Gli stringhisti, che hanno riesumato il principio d'autorità per utilizzarlo a ogni occasione utile, non presero mai in considerazione le critiche di Feynman. Se la cavavano dicendo che Feynman aveva fatto il suo tempo. Insomma, secondo loro Feynman non era in grado di comprendere il nuovo, rappresentato dalla teoria delle stringhe. Feynman non poteva quindi essere considerato una "autorità" dagli stringhisti, perché per quanti meriti avesse avuto per i contributi dati alla scienza durante la sua vita, non aveva mai acquisito alcun merito presso la setta degli stringhisti. Come si può facilmente intuire il principio d'autorità, come molti altri principi ad hoc, è invocato e applicato solo quando fa comodo al gruppo sociale che lo promuove. È quel gruppo dunque che definisce le autorità da imporre sopra tutti. È tipico di un gruppo settario non dare mai alcun riconoscimento (che non sia opportunamente addomesticato) a chi si sta al di fuori dei suoi confini.

A onor del vero, la teoria delle stringhe è sempre stata guardata con diffidenza non solo da Feynman, ma da tutti gli scienziati che non appartenevano al suo giro di iniziati. Non è un'invenzione dell'autore di questo scritto che gli stringhisti venissero visti, e non senza ragioni, come una setta di fanatici. Nel corso degli anni gli stringhisti cercarono di scalzare tutti coloro che si opponevano a loro o semplicemente li criticavano, riuscendo ad occupare tutti i posti disponibili con i loro seguaci. In questo modo impedirono un sano ed equo ricambio generazionale. Il risultato è quello che ci troviamo di fronte oggi: due-tre generazioni di fisici letteralmente falciate. Oggi nel vuoto generale da loro creato si continua a fare, per inerzia, quasi solo quello che viene indicato dagli stringhisti, perpetuando così i loro metodi discutibili.

Come detto, la teoria delle stringhe si eclissò intorno al 2005-6. In quegli anni la teoria passò rapidamente dalla storia alla barzelletta. Nel 2007 il New Yorker pubblicò una vignetta in cui era raffigurato un uomo che portando a passeggio il cane camminava davanti ad un locale, tale "Harvey's place". Sulla vetrata del locale si leggeva l'annuncio di un dibattito: "oggi 5 agosto:

la teoria delle stringhe è una montagna di fregnacce?" (testo originale: "*is string theory bullshit?*"). Non scomparvero i seguaci della teoria, però. Le sue nefaste conseguenze, infatti, si fanno sentire ovunque ancora oggi, e così sarà per molti anni a venire.

Mettiamoci ancora di fronte al nostro puzzle. Come prima, non ci hanno dato tutti i pezzi, ma solo una parte di essi, diciamo la metà. Se riusciamo a incollare qualche pezzo uno all'altro siamo sulla buona strada. Poi guardiamo il puzzle parzialmente completato da lontano. Se la parte completata è sufficiente possiamo intuire molto della figura sottostante, magari indovinarla. Come abbiamo già spiegato, nel caso del Modello Standard e di molte altre conquiste teoriche precedenti fu possibile indovinare il resto del puzzle. Il motivo non era casuale, però: era stata già completata una porzione abbastanza grande del puzzle grazie ai dati sperimentali, ciò che permise di verificare le successive predizioni teoriche a colpo quasi sicuro, raccogliere i tasselli mancanti e completare la figura. Nessun miracolo, dunque, nessuna sorpresa. Ma questo tipo di successo non autorizzava e non autorizza nessuno a pensare che la storia si possa ripetere con puzzle di cui non disponiamo in partenza nemmeno *un* pezzo, come la supersimmetria e la teoria delle stringhe. Non è possibile indovinare l'immagine di un puzzle nuovo del quale non si sa nulla, speculando magari su tutte le possibilità e tutti i puzzle immaginabili. Il fisico teorico non è un indovino. Il suo lavoro è raccogliere i tasselli costituiti dai dati sperimentali, cercare di incastrarli tra loro, fare un passo indietro per guardare il risultato dalla giusta distanza, e verificare se ha abbastanza informazioni per intuire l'immagine nascosta nel puzzle. Se i tasselli collegati tra loro sono sufficienti, il suo responso è affidabile. In tutti gli altri casi, se insiste a dare risposte nonostante non sia in grado di farlo, sta barando. In questo non ci sono né miracoli, né genialità. Ma ci può essere invece molta disonestà.

La supersimmetria fu per il settore fenomenologico della fisica teorica quello che la teoria delle stringhe fu per il settore più formale della stessa: un'imposizione insistita per decine d'anni a dispetto degli scarsissimi e ambigui argomenti a favore di quell'idea. Furono scritti innumerevoli articoli sull'argomento, furono date posizioni permanenti, nelle università come nei centri di ricerca, alle persone che si occupavano di quello, per negarle a chi voleva occuparsi di altri argomenti, furono finanziati altrettanti progetti di ricerca sul tema e negati finanziamenti a progetti che andavano in altre direzioni.

Ci volle un po' di tempo affinché anche i fisici sperimentali si svegliassero dal loro torpore e si rendessero conto che sostituire scorciatoie mentali a riflessioni ponderate non portava da nessuna parte. Per la verità alcuni teorici cercarono di metterli sull'avviso per tempo, più di una decina di anni fa, ma senza ottenere riscontri.

Per lungo tempo, i fisici sperimentali delle alte energie accolsero acriticamente qualunque proposta i teorici presentassero loro (come la supersimmetria, o le *large extra dimensions* cui accenneremo in seguito). Ciò successe perché in un "periodo d'oro" abbastanza lungo i teorici furono in grado di fornire agli sperimentali predizioni "sicure", cioè predizioni che sarebbero state quasi certamente confermate sperimentalmente, e quindi avrebbero consentito ai fisici sperimentali che le avessero dimostrate corrette di vincere il premio Nobel. Casi di questo tipo si verificarono per tutti gli ultimi tasselli del "puzzle-Modello Standard". Ciò indusse gli sperimentali a riporre nei teorici una fiducia quasi cieca. Tuttavia, le predizioni vincenti si fermarono parecchi decenni or sono e furono tutte relative al Modello Standard. Come detto sopra, non ci fu nulla di miracoloso nelle conferme sperimentali di quel modello, perché il puzzle era stato completato abbastanza da indovinare la figura sottostante. L'ultima predizione confermata fu proprio il bosone di Higgs, visto nel 2012. Tuttavia, il bosone di Higgs fu predetto teoricamente come particella del Modello Standard nel lontano 1967. 45 anni per confermare sperimentalmente una predizione teorica sono praticamente un'eternità: il 10% di tutta la storia della scienza moderna. Effettivamente, si trattava di una particella estremamente difficile da scoprire e durante quegli stessi 45 anni tutte le altre predizioni del Modello Standard, relativamente più facili da testare, furono confermate. Allo stesso tempo, però, furono anche testate molte predizioni che riguardano la fisica *oltre* il Modello Standard, come la supersimmetria, ma mai nessuna conferma di quelle fu trovata.

Solo oggi i fisici sperimentali delle alte energie cominciano a nutrire scetticismo nei confronti delle predizioni che i teorici forniscono loro. Le elucubrazioni teoriche degli ultimi quarant'anni, in effetti, si possono tranquillamente archiviare e dimenticare. Prendiamo per esempio la supersimmetria, un'idea accattivante dal punto di vista accademico, ma non supportata da dati sperimentali. Un terno al lotto, per un fisico sperimentale. Anche se non si può escludere a priori che sia corretta, si poteva e può dire che è molto poco probabile che lo sia. Perché? Perché il famoso puzzle non contiene neanche un pezzo buono. Questa conclusione segue tanto dalla conoscenza di cui disponevamo già quando la supersimmetria fu proposta, più di trent'anni fa, quanto dalla conoscenza che abbiamo oggi, che è praticamente la stessa di allora. Se non è un miracolo che le predizioni del Modello Standard siano state così precise ed azzeccate, altrettanto non è una sorpresa che la supersimmetria non si sia fatta trovare, almeno per coloro che sanno guardare le cose in modo disinteressato.

Insomma, quanto ci è costata e sta costando ancora questa cosa che non si trova e non si vede? Quanto ci sta costando in termini umani e di conoscenza e di progresso, visto che ogni finanziamento dato a qualcuno è un finanziamento negato ad altri? Quante direzioni diverse avrebbero potuto essere esplorate? Tante, poche, nessuna? Se anche fossero state poche, vista la difficoltà oggettiva dei problemi rimasti aperti, ciò non poteva giustificare finanziamenti esorbitanti ad un'idea le cui probabilità di essere vera sono uguali a quelle di vincere un terno al lotto. Più saggio sarebbe stato ridurre i finanziamenti complessivi alla fisica e indirizzarli a scienze più promettenti. Anche perché finanziando vicoli ciechi si crea un danno alla società e alla scienza, come più volte detto, perché si finanzia il regresso. Non è soltanto uno spreco di denaro, è un colossale finanziamento all'involuzione. Occorre guardare finalmente in faccia la realtà per quello che è, invece di insistere a credere che sia come si vorrebbe che fosse. Sia detto tanto per i fisici, quanto per chi li finanzia a perdere.

Qualcuno cerca di giustificare la sterminata produzione di articoli scientifici sulla supersimmetria dicendo che il lavoro fatto nel frattempo potrà comunque tornare utile nel caso che questa famosa simmetria venga effettivamente trovata in futuro. In realtà non è veramente così. Vista la difficoltà, che abbiamo più volte sottolineato, di dissotterrare il materiale rilevante quando questo è sommerso negli abissi dell'irrilevante, sarà molto più semplice riscoprire quel che servirà per andare avanti, nel momento in cui servirà, piuttosto che mettersi a cercarlo nella sterminata letteratura prodotta decenni o secoli prima, per vedere se qualcuno "l'aveva già fatto". Né si può difendere quella produzione dicendo che è utile per calibrare meglio gli esperimenti da fare, perché negli esperimenti di fisica delle alte energie la difficoltà di trovare qualcosa di nuovo è paragonabile a cercare un ago in un pagliaio sterminato. Il fatto è, però, e torniamo da capo, che non è possibile predire la strada giusta in assenza di informazioni certe, quelle fornite dagli esperimenti, i famosi pezzi del puzzle. I suggerimenti che i fenomenologi forniscono agli sperimentali non corrispondono alle strade più probabilmente corrette, perché non sono assolutamente in grado di individuarle, ma quelle meglio "spendibili" al momento. Nel senso che, dato un esperimento in programma, i fenomenologi sono in grado di fornire un sacco di predizioni testabili con quello: gliele "cucinano addosso", in un certo senso, perché solo cos'ì possono renderle "interessanti" e quindi pubblicare lavori che raccolgano consenso. Ma ciò non ha nulla a che fare con la probabilità che quelle predizioni si dimostrino poi vere. Ancora una volta vediamo che la produzione scientifica contemporanea ruota attorno al consenso sociale che può raccogliere, non al successo scientifico.

Per queste ragioni il 90% di quanto scritto sulla supersimmetria, argomento pompato ed enfatizzato oltre misura, è inutile. Esso ben rappresenta lo spreco di un sistema che funziona per imposizione di idee, non per esplorazione di idee. Qui non si vuole ostracizzare la supersimmetria in quanto idea, ma denunciare coloro che l'hanno imposta agli altri per interesse personale e ci hanno lucrato sopra, sottraendo risorse e finanziamenti indirizzati all'esplorazione di qualunque altra strada.

Environment

*"Non dobbiamo preoccuparci.
Tra qualche anno non ci saranno più
i critici della teoria delle stringhe,
Sono vecchi, e tra un po' saranno morti.
Ci saranno soltanto persone sagge."*
Cumrun Vafa

Ecco alcuni esempi di titoli di articoli, pubblicazioni in genere, seminari, lezioni sugli argomenti del mainstream: "La potenza della teoria del mistero", "Divertirsi colle d-brane" (le "brane" sono generalizzazioni delle stringhe a più dimensioni), "Divertirsi colle stringhe", "Divertirsi coi modelli (0,2)", "Le 2-brane sono meglio di una?", "Brane surgery" (che si legge come "brain surgery", chirurgia del cervello), "M & m's". La conclusione di un articolo apparso su Physics Review Letters (uno dei giornali più importanti a livello mondiale) recita: "Ne concludiamo che in gravità lo stato fondamentale è un'*orgia* topologica". Per qualcuno il significato vero di "teoria M" era "teoria madre" ed allora ha avuto la brillante idea di proporre similmente una "teoria F" dodici-dimensionale, o "teoria padre" (da *father*). Un'altra persona ha proposto una teoria alternativa dodici dimensionale e l'ha chiamata Y-theory, che si legge come *why-theory*, la teoria del "perché".

Sempre più spesso negli articoli di fisica teorica finisce persino la piaggeria. Si leggono riferimenti al lavoro dell'*autorità* come al tale *beautiful paper*. Alle conferenze si celebra la moda del momento descrivendola come un *tremendous progress*, una *spectacular revolution*, e via di seguito. La congettura prediletta dalle autorità viene chiamata *fantastic conjecture*. Le argomentazioni a favore della congettura sono dette *striking evidence, amazing relations, miraculous coincidences*, eccetera.

La fraseologia tipica con la quale si copre la mancanza di risultati e la si sostituisce col criterio del consenso è la seguente: "è comune opinione, comune sentire che..."; "sta raccogliendo grande consenso l'idea che..."; "*tutti sanno* che la stringa spiega..." ; "è difficile credere che la teoria delle stringhe non includa..."; "la teoria delle stringhe è l'unico candidato in circolazione per spiegare... unificare..."; "se *credi* alla teoria delle stringhe, allora devi anche ammettere che..."; "*noi* tutti sappiamo che la teoria funziona...". Chi chiede chiarimenti non riceve mai spiegazioni esaurienti, ma viene regolarmente indirizzato alla "letteratura". Oppure si sente ripetere parola per parola un argomento preso da quella letteratura, per quanto inconsistente. "Sono argomenti complessi: non è possibile discuterli ora su due piedi. Devi studiarti la letteratura in materia, dove ti verrà spiegato che...". "Questo problema è stato studiato da Tizio nell'anno tale. Devi guardare il suo lavoro". Come sono scritti gli articoli sugli argomenti del mainstream lo abbiamo già spiegato, per cui è forse superfluo ricordare che studiare la letteratura può fornire poche risposte, ed è anzi per quel motivo che si renderebbe necessario chiedere spiegazioni ai diretti interessati. Così si crea un circolo vizioso i cui non si riesce nemmeno a delimitare le affermazioni fatte, men che meno capirne il senso e a stabilirne la validità.

Non esiste discussione, né spirito critico, soltanto spirito gregario. Si evita ogni tipo di confronto richiamando sempre qualche fonte esterna, come la comune opinione, il diffuso consenso, il comune sentire, la letteratura, l'autorità..., insomma qualche soggetto o entità lontani, per rimandare la discussione ad altra data. Oppure si ricorre al già stabilito (per quanto stabilito con metodi arbitrari), per chiudere la discussione subito, non essere chiamati a rispondere, ostentare sicurezza.

In realtà gli argomenti coinvolti non sono per niente astrusi. Ogni argomento, in fisica, diventa sorprendentemente semplice, una volta raggiuntane la comprensione, e quindi facilmente comunicabile agli altri. Chiaramente, non si può dire altrettanto di un argomento che non è ben compreso nemmeno dai suoi proponenti.

Alle volte le brecce aperte dalla fisica alla comprensione umana della natura travolgono per la loro limpidezza e semplicità, al punto da farci pensare "come siamo stati ingenui a non essercelo fatto venire in mente prima". Ovviamente, si tratta soltanto di un'illusione ottica, lo scherzo dovuto al guardare gli eventi storici a ritroso nel tempo, invece che nell'ordine cronologico in cui si sono succeduti, la famosa *illusione del senno di poi*. Il difficile è proprio individuare le soluzioni corrette, per quanto semplici, in un oceano di alternative sbagliate, magari altrettanto semplici e attraenti. Guardando a ritroso nel tempo si sorvola sul faticosissimo lavoro fatto per scartare le alternative sbagliate, e quindi si ha l'impressione che la soluzione fosse a portata di mano e molto più "facile" di quello che era veramente.

La teoria delle stringhe, invece, funziona nel modo esattamente opposto: idee astruse coperte con altre ancora più astruse, di modo che si ha la percezione della confusione totale *anche* alla "luce" del senno di poi.

Il fiorire di congetture che ebbe luogo tra il 1995 e il 1996 e che portò al mainstream della dualità fu battezzato *la seconda rivoluzione della teoria delle stringhe*. Fu battezzato tale *in diretta* dai suoi stessi autori e sostenitori, cioè da chi stava facendo quella "rivoluzione" nel momento stesso in cui la faceva, quasi a voler anticipare il giudizio della storia, quasi a scrivere la storia mentre si svolgeva, per mettere le mani anche su quella. In realtà quella cosiddetta "rivoluzione" non fu altro che un cambio di direzione tutto interno alla teoria delle stringhe, e dall'interesse scientifico tutt'ora discutibile.

Alle conferenze, e talvolta nelle stesse pubblicazioni scientifiche, furono spesso usate delle "metafore storiche" per promuovere il mainstream del momento, stabilendo improbabili paragoni con i momenti gloriosi del passato. Per esempio, una metafora storica usata spesso durante la seconda rivoluzione della teoria delle stringhe fu la seguente: "questa fase entusiasmante che la comunità scientifica sta vivendo potrebbe essere simile alla fase vissuta quasi un secolo fa agli albori della meccanica quantistica fino all'apparizione dell'atomo di Bohr, quando le idee erano ancora molto confuse, ma si preparava una rivoluzione di portata storica".

La coniazione di compiaciute similitudini coi vari momenti gloriosi del passato, recente o remoto, è un altro degli aspetti tipici, per certi versi comici e patetici, della propaganda dei teorici delle stringhe. Centinaia di similitudini come queste sono utilizzate come *excusatio non petita*, per avvertire che se anche oggi c'è confusione ed ignoranza, questo non è dovuto alla sciatteria delle proposte e delle loro formulazioni, ma è l'anticipazione di chissà quale rivoluzione vera, esattamente come accaduto molte altre volte in passato. Nella realtà, non esiste alcuna similitudine tra il recente passato, o il presente, e alcun glorioso passato, ma molte similitudini con ben altri e ben più ingloriosi periodi del passato. La cosa più deprimente era sentirsi ripetere meccanicamente quelle similitudini storiche dagli zelanti studenti di teoria delle stringhe, smaniosi di mostrare a tutti di "aver imparato la lezione".

Cumrun Vafa, un teorico delle stringhe di Harvard, un po' irritato di fronte al sottoscritto che gli obiettava che la teoria delle stringhe non era guardata con molto favore al di fuori del suo giro di zelanti sostenitori, nel 1996 mi rispose: "Non dobbiamo preoccuparci di quel che dicono coloro che criticano la teoria delle stringhe, perché non hanno la minima possibilità di influenzare il mio lavoro. E per di più, quelle persone sono vecchie e tra qualche anno saranno morte. Ci saranno soltanto persone *sagge*."

In effetti così fu. Di lì a poco ci furono soltanto persone sagge, nel senso stabilito dagli stringhisti. Quello che prima era un gruppo ristretto riuscì ad occupare quasi tutto lo spazio disponibile. Certo, i più vecchi ad un certo punto devono per forza cedere il passo ai più giovani, come vuole la natura, ma chi garantisce che quelli che verranno dopo saranno davvero più "saggi" di quelli che sono venuti prima? Il *sistema*, naturalmente. Quel che Vafa sottintendeva era, appunto, che il sistema sa come adoperarsi, quotidianamente e con infaticabile impegno, per "selezionare" i "migliori", i più "saggi", cioè coloro che la pensano nel modo "giusto", scalzando per contro tutti gli altri. Questa è la *meritocrazia*. Il sistema ha ormai raggiunto un tale grado di efficienza, nella sua perversione, che riesce a far sì che i candidati a servirlo facciano a gara tra di loro (la famosa *competizione*) per autoselezionarsi ed autoscalzarsi. Così il sistema si difende dal rischio di spiacevoli imprevisti che potrebbero mettere in forse un potere destinato a consolidarsi per inerzia.

La fisica teorica ha definitivamente rinunciato a sviluppare o stimolare lo sviluppo di idee indipendenti, per appiattirsi sulla "ripetizione" e propaganda di poche idee dominanti gratuite. E con questo stesso spirito indica la via ai paesi in via di sviluppo, i quali spesso ci mettono del loro (vedi la Cina) per adeguarsi frettolosamente e acriticamente ai criteri occidentali, nella speranza di *ben figurare nelle statistiche*, commettendo volontariamente l'errore di "buttarsi" nella competizione altrui, giocata con regole altrui e in casa altrui. In tutto questo non si vede scienza, ma si intravvede più che altro un *instrumentum regni*. Ormai nessuno, ai vari livelli decisionali, è nelle condizioni di chiedere efficacemente conto della rilevanza delle idee propagandate, e giustificazione delle risorse economiche spese a finanziarle, perché i responsabili hanno ormai occupato tutto il terreno.

Pubblicazioni scientifiche

Scorrendo le pubblicazioni scientifiche si possono facilmente identificare gli articoli dei mainstream e distinguerli dagli altri. Gli articoli dei mainstream sono scritti con un linguaggio molto poco scientifico, ma sotto vari aspetti accattivante. In un ambiente in cui si procede in moto vorticoso, in cui chi si sofferma troppo su un testo scritto è perduto, questo tipo di articoli riescono a solleticare interesse e attrarre attenzione, invece che essere accantonati o scoraggiati. Chi ha un minimo di esperienza riesce facilmente a capire quali articoli hanno le caratteristiche per diventare *trendy*, e quindi si mette subito a lavorare sulla materia trattata in quegli articoli, senza nemmeno controllarne la fondatezza: non c'è tempo per questo. Anche chi non è l'autore dell'articolo destinato a creare una moda, ma magari è tra i primi a seguirlo, a settimane o al massimo due mesi di distanza, verrà ricoperto di citazioni quasi quanto l'autore dell'articolo originale. E chi arriva dopo raccoglierà un numero di citazioni progressivamente decrescente. È dunque importante "cogliere l'attimo". Queste sono le abilità che vengono premiate, non tanto il progresso effettivamente fatto. Chi si cimenta in questo tipo di competizioni deve sacrificare ogni eventuale altro suo interesse. Non avrà la possibilità di occuparsi di altri argomenti, oppure di occuparsi degli argomenti di moda, ma in modo diverso, magari più serio e rigoroso. Non potrà dedicarsi alla ricerca scientifica che lui in quanto individuo indipendente dotato di senno e di giudizio ritiene importante per il progresso della scienza, e di affrontarla nel modo che lui, sfruttando le sue doti individuali di creatività e discernimento, ritiene più utile per tentare di fare vero progresso. In definitiva, viene premiato chi si accoda, privando la scienza di gran parte del

Environment

suo potenziale umano. Per uno studente che si appresta a fare scienza, la prospettiva è quella di finire in realtà a fare questo *citation fishing* (andare a pesca di citazioni).

Neanche molti anni fa, era richiesta una motivazione fisica per poter considerare interessante un lavoro, e quindi pubblicarlo. Per quanto elegante e matematicamente profondo, un articolo poteva essere respinto in base al giudizio che "non è interessante per la fisica", oppure " non è discusso l'eventuale interesse fisico di quest'indagine". Bisognava mostrare al pubblico, soprattutto nei seminari, di avere in mente delle prospettive, a lungo o medio termine, che potessero giustificare la rilevanza fisica di ciò che si stava facendo. Così, ogni articolo iniziava con un introduzione in cui si spiegava la motivazione di fondo del lavoro. E anche quando iniziò a farsi strada la teoria delle stringhe, la cui rilevanza per la fisica è "in potenza" da sempre, quindi tutt'ora da dimostrare, tutti gli articoli scritti su quella materia incominciavano spiegando i motivi per cui, almeno secondo gli autori, valeva la pena fare quel tipo di ricerca.

Poi la situazione cambiò gradualmente, complice la crisi in cui piombò la fisica delle alte energie, che, dopo successi sperimentali a ripetizione, si trovò di fronte a un muro: quello della difficoltà sperimentale di andare oltre e anche di stimare quanto disti da noi la prossima scoperta.

Oggi al posto della motivazione appare una discussione introduttiva che, tipicamente, tende a mostrare che l'indagine proposta nell'articolo in questione è giustificata dal mainstream del momento. "Sta recentemente riscuotendo un grande interesse presso la comunità scientifica internazionale...", e avanti di questo passo. Alle volte questi mainstream riescono a creare delle situazioni di vera e propria eccitazione collettiva ed allora queste frasi moderate vengono sostituite da altre più esplicite, che parlano di *fantastic conjecture, amazing relationship, miraculous correspondence, tremendous progress, spectacular revolution*, eccetera. Molti articoli si aprono con lodi e grazie al *celebrated paper*, o *authoritative paper* che ha dato via al mainstream del momento. L'interesse, in genere, scema di lì a pochi mesi, senza lasciare grandi segni. Tuttavia, dopo pochi mesi si presenterà all'orizzonte un altro "motivo di grande interesse per la comunità scientifica internazionale..." che accentrerà nuovamente l'attenzione generale e la porterà a spasso per un altro po'. Il punto essenziale, comunque, è proprio la catalizzazione dell'attenzione generale, il menare il can per l'aia. Nel frattempo, si capisce, dietro le quinte si fanno i propri giochi, cioè si piazzano le proprie conoscenze nei posti giusti, si mettono i bastoni tra le ruote ai rappresentanti dei gruppi diversi dal proprio e si lavora per promuovere la propria ideologia, abbia o non abbia a che vedere con le leggi della natura. Insomma, si fa quella che in gergo si chiama un'onesta "attività professionale" di un certo livello.

Gli articoli dei mainstream hanno ormai come soggetto il "Noi", anche quando l'autore è uno solo. Plurale maiestatis? Non proprio. Nell'*abstract* (il sommario iniziale) l'autore informa il lettore, per esempio, che l'articolo tratta delle "recenti scoperte che hanno rivoluzionato la *nostra* maniera di intendere la teoria delle stringhe". Certo, la "nostra", per lasciar intendere che attorno a quelle idee c'è consenso, che *siamo una famiglia*, e che quindi chi avesse da dissentire si metterebbe contro tutta la famiglia.

Cosa vorrebbe dire la "nostra"? Chi ha stabilito che si tratta della "nostra" maniera di intendere e non semplicemente la "loro"? Anche il giovane finisce per esprimersi così, colui che ambisce ad entrare a far parte della famiglia, e dunque sente il bisogno di dichiarare la sua adesione esplicita al sistema. La scienza è diventata collettiva, sociale, armoniosa. Abolito il conflitto trasparente, a fronte di una guerra senza esclusione di colpi combattuta sottobanco per eliminare qualunque diversità. Ma in superficie è un'altra storia, per dare all'esterno la percezione di una comunità serena e tranquilla, che procede in base a regole universalmente condivise ed accettate, senza specificare che sono tali perché vengono eliminati tutti coloro che non le accettano.

Alle volte gli articoli scientifici che si inquadrano nelle correnti dei mainstream dominanti vengono accettati dalle riviste specializzate in pochissimi giorni, sulla fiducia o dopo un esame sommario. La speditezza con cui vengono pubblicati permette alle riviste di alzare i propri *impact factor* e altri indici di rating con cui le stesse riviste sono valutate, perché quegli articoli garantiscono un flusso consistente di citazioni in tempi rapidi. Gli articoli che contengono invece investigazioni libere sono bloccati o fatti girare a vuoto per mesi e poi respinti.

Una rivista scientifica si organizza grosso modo come segue. C'è un editore capo, e un editorial board. L'autore che sottomette un articolo alla rivista per chiederne la pubblicazione spesso non conosce il nome dell'editore che lo prenderà in carico. A volte può dedurlo facilmente confrontando i campi di competenza dei vari membri dell'editorial board. In rari casi i membri dell'editorial board sono cambiati a rotazione, per esempio ogni tre anni. Molti giornali, invece, mantengono gli stessi editori anche per decine d'anni, creando di fatto delle caste. La valutazione di un articolo scientifico è responsabilità dell'editore di competenza, ma l'editore si avvale di referee esterni, che rimangono rigorosamente anonimi all'autore dell'articolo. I referee esterni hanno il compito di leggere e valutare l'articolo, per fornire un parere all'editore, ma non hanno alcuna responsabilità in merito alla decisione sulla sua pubblicabilità, che è compito dell'editore. Tuttavia, quasi mai l'editore si accerta che il referee abbia svolto un lavoro corretto e valido, ma si appoggia quasi automaticamente sulle sue indicazioni. Di fatto, con un gioco delle parti, l'editore scarica la responsabilità effettiva della decisione sul referee, che non può essere chiamato a rispondere, sia perché è coperto dall'anonimato sia perché il suo giudizio ha il valore di una mera consulenza. In questo modo hanno luogo innumerevoli abusi, e l'autore non può prendersela con nessuno. Le procedure di ricorso sono infatti puramente di facciata, fanno perdere ulteriore tempo prezioso all'autore, e il risultato è sempre nullo, nel senso che non viene mai messo in discussione il giudizio dei referee, soprattutto se sono amici dell'editore che li ha scelti. Al punto che molti referee si permettono di inserire nei loro report giudizi insultanti.

Tralasciando gli insulti diretti e indiretti che l'editor e il referee riservano spesso agli autori indesiderati o mal sopportati, e concentrandosi meramente sull'ipocrisia, il referee tipicamente giustifica la sua respinta o accettazione a priori con argomentazioni del seguente tipo:

1. il problema trattato dall'autore è interessante e ambizioso, ma prima dovrebbe affrontare quest'altro problema...

2. l'articolo è corretto, ma i risultati che riporta non sono originali, essendo già stati ricavati da X, Y, ... In questo caso il referee ignora volutamente il contenuto originale dell'articolo, finge che i risultati noti da cui parte l'autore (magari correttamente attribuiti ai loro scopritori X, Y, ... nelle referenze bibliografiche), siano tutto il contenuto dell'articolo e dunque dichiara all'editore che l'articolo sottoposto alla sua valutazione non è pubblicabile perché non contiene risultati originali. L'editore si fida perché è lui che ha scelto il referee, spesso un suo amico e collega, oppure finge consapevolmente di credere al referee, avendolo scelto apposta per affidargli quel tipo di "lavoro da sbrigare".

3. L'articolo viene accettato in quattro e quattr'otto colla motivazione che "si inserisce in un campo di ricerca che sta evolvendo rapidamente e

dunque merita una pubblicazione spedita", senza nemmeno commentarne il contenuto. Il referee report può anche consistere di questa sola affermazione. Anche questo, ovviamente, costituisce un abuso.

Più onesto sarebbe ammettere l'evidenza, cioè che anche la rivista scientifica deve "campare" e quindi preferisce pubblicare gli articoli che portano un congruo numero di citazioni e garantiscono di soddisfare i criteri di rating. Report di questo tipo arriverebbero in una settimana al massimo e direbbero, nei casi 1. e 2.: "il nostro giornale, come tutti, è sottomesso alla dittatura dei rating; il tuo articolo, originale e interessante, non rientra nei filoni che vanno per la maggiore in questo momento e quindi siamo portati a pensare che non raccoglierà un numero di citazioni sufficiente nel tempo previsto, per aiutarci ad avanzare nei rating come giornale; per questo abbiamo deciso di non pubblicare il tuo articolo". Nel caso 3. basta togliere i "non" dappertutto nel giudizio appena riportato.

Nei casi 1. e 2. l'autore si trova spesso a leggere referee report di svariate pagine. Per quanto il referee si diletti a parlare di argomenti inattinenti all'articolo che è chiamato a giudicare, come suggerire all'autore di cosa occuparsi invece che perdere tempo a studiare i problemi trattati nel suo articolo, la lunghezza del report ha lo scopo di ingannare l'editore facendogli credere di avere letto l'articolo e dunque aver fatto un buon lavoro per giudicarlo. Quasi che la correttezza di editori e referee si possa misurare dal tempo trascorso per emettere un giudizio tanto sgangherato, e dal numero di pagine di cui consiste il referee report.

Come detto, spesso l'editore sta al gioco perché è parte del gioco, cioè non viene veramente ingannato dal referee, ma fa soltanto finta di credere che il referee abbia emesso un giudizio serio. Infatti, anche le riviste scientifiche, come gli scienziati, sono sottoposte al sistema di giudizio basato sugli indici di rating. Spesso gli editori hanno ordini precisi di lavorare, per quanto possibile, per aumentare i rating della rivista. La maniera più facile è appunto quella descritta, cioè respingere quasi ogni articolo che tratta di argomenti lontani dalle mode del momento e accettare prontamente quelli in sintonia coi mainstream. Ma c'è di più. C'è un infierire sugli autori non sottomessi che va approfondito.

Se è vero che la risposta onesta potrebbe essere inviata in due giorni, una settimana al massimo, è anche vero che in questo modo non si creerebbe quasi alcun nocumento all'autore non allineato. Infatti, l'autore sarebbe libero, dopo soli due o tre giorni, di rivolgersi a un altro giornale, e quindi potrebbe individuare in breve tempo, e con poca fatica, i rari giornali che non sono ancora sottomessi alla logica dei rating, o che lo sono molto meno. Peraltro, inviare lo stesso articolo a più giornali contemporaneamente è tassativamente proibito. Se l'editor liberasse l'autore dal vincolo in pochi giorni, tuttavia, non trasmetterebbe con chiarezza il messaggio che vuole invece trasmettere: "devi occuparti delle linee di ricerca dominanti dettate dal sistema, *sennò sai cosa ti aspetta*". Si crea danno all'autore soltanto se gli si fa *perdere tempo*, bloccandogli di fatto l'articolo per mesi e mesi, punendolo per avere osato sfidare le idee dominanti, e facendogli chiaramente capire che quello che sta succedendo è esattamente questo.

Come si spiega un tale adoperarsi per creare danno all'altro, cioè a chi non si allinea alle idee dominanti, anche quando chi crea il danno non si avvantaggia direttamente del danno creato? Si tratta di un comportamento che può essere spiegato soltanto riferendosi ad una struttura superiore. Ecco appunto che emergono le tracce del *sistema*. Chi crea il danno non ci guadagna nulla, direttamente, ma porta un guadagno al sistema di cui fa parte.

Ci si metta nei panni di uno scienziato che nel momento in cui chiede la pubblicazione dei propri articoli, che si occupano di argomenti diversi da quelli del mainstream, riceve sistematicamente referee report sprezzanti, insultanti, deviati o gratuiti, contenenti pretesti ipocriti e argomenti artificiali. Quello scienziato capisce che viene colpita frontalmente la sua ricerca e la sua libertà. Capisce che si trova di fronte un avversario molto potente, un sistema nella sua massima espressione, non un individuo come lui, non un competitore qualunque, ma l'intera collettività contro di lui. Un docente universitario, che ha il posto fisso, può andare avanti lo stesso, capito il gioco, e restare tutto sommato abbastanza indifferente alla cosa. Tuttavia, acquisisce molto chiaramente la percezione di ciò contro cui si trova a dover combattere. Il messaggio è chiaro ed inequivocabile. Pensate poi se quel docente volesse avere un seguito, costruire una scuola di pensiero per dare una speranza di vita futura alle sue idee e alle sue opere. Ciò vuol dire occuparsi di studenti, lavorare assieme a loro, co-firmare articoli scientifici con loro. E poi esporre anche loro allo spettacolo di quei referee report assurdi e insultanti. Quegli studenti non potranno che rimanere allibiti, leggendoli, non capendo loro stessi per quale motivo e da dove si estrinsechi tanta acredine e tanta gratuità contro la semplice libertà scientifica. E allora il docente dovrà fare una scelta. Potrà spiegare allo studente che la realtà è questa. Ma che futuro si può prospettare allo studente quando gli si rivela la triste verità? Oppure può decidere di piegarsi al sistema, per evitare queste brutte figure. Ciò vuol dire astenersi dal fare ricerca sugli argomenti sui quali *vuole* fare ricerca e arrendersi a seguire la corrente, fare una ricerca di sistema, dare agli studenti problemi di ricerca sui temi di mainstream, sicuro che in questo modo quando manderà l'articolo alla rivista per la pubblicazione riceverà una bella pacca sulle spalle dai referee e farà dunque un figurone anche con i suoi studenti. Sarà magari contento con se stesso, in maniera indiretta, non per aver dato espressione alla propria individualità e libertà, ma per aver fatto "il suo dovere". Ma in questo modo la scienza rimarrà ferma.

Gli effetti principali non sono dunque direttamente sul docente col posto fisso, che potrebbe sicuramente non curarsene, non preoccuparsi di questo tipo di trattamento e di questo tipo di pressioni e abusi. Gli effetti più nefasti sono invece sul suo possibile seguito. Non è possibile costruirsi un seguito se non si seguono i mainstream. La finalità di questi metodi brillantemente elaborati dal sistema è quella di sterilizzare qualunque forma di libertà e di ricerca indipendente, libera e diversa, impedire futuro, agendo sugli studenti e sui giovani. Se un giovane scrive un lavoro con un docente di sistema sarà avviato sulla strada del sistema. Se trova uno dei rarissimi docenti liberi si renderà conto che è meglio per lui trovarsi un altro mestiere, e meno che non voglia immolarsi o adattarsi.

Dai primi anni 1990 esiste un sito di riferimento, arxiv.org, dove gli autori possono liberamente postare i propri articoli scientifici. Il sito è libero, gratuito, senza referaggio e senza filtri, se non un veloce controllo sulla pertinenza dell'articolo alla sezione a cui l'autore vuole mandarlo. Il sito è senza dubbio un'innovazione importante. In passato, gli articoli venivano divulgati in forma stampata di *preprint* (sostanzialmente delle fotocopie inviate per posta ordinaria alle università più importanti del mondo), in attesa della pubblicazione vera e propria, quella su rivista con referee, che richiedeva molto tempo. Sottomesso a una rivista per la pubblicazione, l'articolo poteva rimanere bloccato per mesi e il referee, o qualcun altro, poteva rubarne il contenuto, e servirsene per scrivere un articolo proprio. Se riusciva a farlo pubblicare prima dell'articolo originale otteneva anche la priorità scientifica sull'idea rubata. Sono noti esempi eclatanti di casi effettivamente accaduti di questo tipo. Oggi invece la pubblicazione scientifica in fisica è praticamente alla portata di tutti e istantanea, grazie al sito arxiv.org, che fa fede anche per quanto riguarda la priorità scientifica delle idee proposte. In conseguenza, la pubblicazione dell'articolo su un giornale scientifico con referee è ormai un fatto secondario, almeno nei settori scientifici più avanzati. Tanto che molti studiosi, soprattutto dei paesi meno burocratici, come gli Stati Uniti, non pubblicano più su rivista con referee, ma si limitano a postare i loro articoli su internet. Tuttavia, la pubblicazione su arxiv.org non viene considerata sufficiente da molte università, in Italia e altrove, per accedere a borse, finanziamenti e posizioni. Esse richiedono la pubblicazione su rivista con referee, perché la pubblicazione libera su arxiv.org non può dire nulla in merito alla qualità dell'articolo. Pertanto, nonostante l'esistenza di arxiv.org e i tanti benefici che ciò comporta (assieme a conseguenze negative che discuteremo in seguito) la pubblicazione su rivista con referee rimane una necessità.

Come detto, per chi ha già un posto fisso vedere il proprio articolo girare a vuoto per mesi non è grave, sul piano del danno individuale, mentre è un danno pesante sul suo seguito e sul suo campo di ricerca. Per capire la situazione nei termini corretti ci si deve mettere nei panni di chi invece non ha un posto fisso, ma un posto precario, per esempio un giovane che deve arrangiarsi a sopravvivere con borse post-dottorali di due o tre anni l'una, oscillando magari da un continente all'altro, in attesa di ottenere un posto più stabile. Per lui la differenza tra una pubblicazione spedita e una ritardata di mesi e mesi è equivalente alla differenza che passa tra sperare di ottenere la borsa successiva o dover cercare un altro tipo di lavoro, magari nell'industria o nella finanza. E magari guadagnare molto di più, certo, ma facendo qualcosa che non era nei suoi piani e desideri, mortificando quindi la sua libertà di scelta. In questo modo si manda al giovane una serie di messaggi molto chiari sulla ricerca di cui si dovrebbe occupare e quella di cui non dovrebbe invece assolutamente interessarsi, sui metodi che deve applicare e su quelli che deve abbandonare e ignorare, su come deve scrivere i suoi articoli e come invece non deve assolutamente scriverli.

Non è abbastanza per forgiare una nuova generazione quale clone di quella vecchia? O per forgiarla a immagine e somiglianza di un sottogruppo minoritario che così si trasforma in maggioritario nel giro di pochi anni?

Negli anni d'oro della dualità l'immediata pubblicazione degli articoli dei mainstream sanciva l'avvenuta promozione delle congetture proposte a verità, indicava la via maestra da seguire. Non ci sarebbe molto di cui preoccuparsi, se questo aspetto deteriore della ricerca scientifica fosse rimasto confinato ad un ambito marginale e, magari, "fisiologico", invece di diventare la *regola* e il *metodo*, come purtroppo è successo.

Oggi come allora colpisce la relativa rapidità con cui si scrivono e pubblicano articoli e la grande *eccitazione* dell'ambiente, in contrasto colla scarsità di risultati prodotti. Evidente che, più che velocità, sia *fretta*: "facciamo presto a finire questo articolo. È una moda ormai sorpassata. Devo occuparmi a tempo pieno delle *p-brane*, che stanno andando forte in questo periodo. Sennò vengo spiazzato e rimango fuori."

Per quanto tempo può resistere una persona che insiste a fare ricerca libera, invece che allinearsi alle idee dominanti? Poco. Se non ha un posto fisso, si parla di pochi mesi. Così prima o poi si adegua. Sennò, peggio per lei: chi non ha un posto fisso mai lo avrà, chi ce l'ha finirà isolato, attorno a lui sarà fatta terra bruciata, il suo dominio di ricerca sarà condannato all'estinzione. L'impegno profuso consapevolmente o meno per ostacolare chi vuol procedere indipendentemente e liberamente è quasi al limite del morboso e lascia spesso senza parole.

In più, vale la pena di sottolineare ancora una volta che al di là di tutto questo non ci sono risultati nuovi o progresso vero, ma solo surrogati, progresso finto. Non è possibile quindi trincerarsi dietro a scusanti del tipo: vengono accettati speditamente gli articoli che *meritano* e vengono respinti o fatti girare a vuoto per mesi e mesi gli articoli meno validi. A meno che non ci si riferisca al *meritare* dettato dal sistema, cioè il riconoscimento che ci si guadagna *servendo il sistema.*

Vediamo qualche altra "regola", tratta dal manuale delle istruzioni. Quando scrivi il tuo articolo, non disturbare i gruppi che hanno "occupato il mercato". Nelle citazioni, stai attento a "rispettare gli equilibri esistenti". Non mettere in dubbio le "congetture dominanti", pena l'essere ignorato. Rispetta l'autorità, pena non trovare "sistemazione". Presta attenzione ai "movimenti" del mercato, i mutamenti degli equilibri: se un gruppo forte sta invadendo un settore, gli articoli scritti su quell'argomento vanno riscritti privilegiando quel gruppo; le citazioni vanno risistemate e ridistribuite, passando in secondo piano i contributi altrui o passati, ed enfatizzando quelli del gruppo emergente.

Coprire tutto con altisonanti formalismi, introdurre teorie del mistero, congetturare le corrispondenze più disparate, scrivere articoli in cui le formule ed i calcoli espliciti sono sempre più rari, in cui il rigore è ormai un ricordo: tutto finisce per creare una scienza in cui il *controllo obiettivo* si riduce progressivamente, in cui si può inserire un'*elite* di persone in grado di esercitare un controllo discrezionale. Alla fine ciò che è interessante e valido è stabilito tale dalla comunità e dal sistema, in base alle sue regole, coprendo il vuoto, dribblando la richiesta di spiegazioni esaurienti ed evitando ogni assunzione di responsabilità. Si crea così una scienza chiusa e non accessibile a chi non è del giro. È anche una scienza che a chi sta fuori, alla società, non ha niente da dire.

Si è perso anche il riconoscimento del contributo personale: la ricerca scientifica è stata in un certo senso *spersonalizzata*. Oggi il compito da svolgere è "assegnato" dal sistema. Lo può eseguire qualunque "tecnico" del settore. La gara è a chi lo fa meglio e lo fa prima. Il riconoscimento viene attribuito alle autorità riconosciute dal sistema, coloro che danno avvio ai mainstream e assegnano i compiti da svolgere. Di mettere in discussione quello che è stato assegnato, neanche a parlarne. Così la gente viene educata a fare quello che il sistema ordina.

Lascio al lettore immaginare quanto spazio rimanga, in un ambiente come questo, da dedicare allo sviluppo di idee proprie e scrivere articoli indipendenti, articoli di ricerca dal contenuto nuovo ed originale, sapendo che nessuno li leggerà, che verranno ostracizzati dalle riviste ed essendo consapevoli della facilità con cui gli altri, coloro che seguono le mode, producono quotidianamente i loro articoli vuoti o scontati e la speditezza con cui quelli vengono accettati e pubblicati. Per un giovane non produrre un certo numero di lavori in un certo tempo, e non raccogliere citazioni in numero sufficiente, vuol dire non riuscire a trovare posto ed essere scalzato da qualcun altro. Decidere di lavorare su temi diversi da quelli del mainstream lo priva di qualunque speranza.

La teoria dei campi quantistici si è sviluppata fino ad un livello molto avanzato. Andare oltre non è altrettanto facile, soprattutto in assenza di indizi provenienti da dati sperimentali, perché i problemi rimasti aperti sono molto difficili. Inoltre, i modelli accettabili sono pochi, a parte varianti di minor conto, perché devono soddisfare condizioni molto restrittive. I ritmi imposti dalla competizione di sistema non consentono di dedicarsi a quelli. Su quei problemi difficili non sarebbe possibile imbastire una *competizione prêt-à-porter* che si sposi colla fretta del sistema odierno. Occorrerebbero tempi molto più dilatati, sia per produrre un articolo scientifico su tali argomenti, che per valutarlo. Inoltre, dovrebbero essere impiegate molte meno persone, ma di qualità e preparazione molto più elevate della media odierna. Non si riuscirebbe a *dar da lavorare* al gran numero di persone che si fanno lavorare oggi girando a vuoto su problemi superficiali e inutili.

In una situazione generale come quella descritta il sistema funziona da meccanismo molto efficiente per selezionare i giovani, assegnare posti, borse e premi. Competizione e meritocrazia sono sottomesse alla logica del sistema. Per prima cosa, c'è bisogno di un pozzo senza fondo da cui poter attingere i temi con i quali dare vita alla competizione artificiale, su problemi di difficoltà non troppo alta, in modo da permettere un flusso consistente di pubblicazioni. Questo pozzo è stato individuato per un certo periodo nella teoria delle stringhe, in cui sta un'infinità inclassificabile di modelli e di relazioni tra i modelli. La *gara* assegnata dal mainstream della dualità, per esempio, consisteva nel congetturare curiose relazioni fra coppie di modelli diversi, in base alla coincidenza di semplici formule e proprietà nell'uno e nell'altro. Oppure cercare conferme alle relazioni proposte da altri. Una gara fine a se stessa, come si vede, e dunque associata ad un criterio di giudizio meritocratico assai lontano dal vero obiettivo proprio della ricerca scientifica. Tuttavia, questo aspetto passava inevitabilmente in secondo piano, anche perché il funzionamento stesso del sistema priva la gente del tempo necessario per mettersi a riflettere sul problema, e inaridisce alla fonte qualunque situazione che potrebbe portare allo sviluppo di un dibattito serio.

Dopo i primi venticinque anni di teoria delle stringhe, ci si ritrovò a punto e a capo, senza nessun risultato, ma, ancora peggio, senza più nulla da scrivere. Che fare? Il pozzo non era abbastanza "senza fondo"? Non ci fu scelta: bisognava allargare il pozzo. Colla seconda rivoluzione della teoria delle stringhe, nel 1995, si diede il via agli studi sulle membrane e sulle teorie undici- e dodici-dimensionali. Si sosteneva che quelle teorie, pur non essendo teorie delle stringhe, pur essendo mal definite e non ben formulate, *dovevano* esistere per forza, duali in qualche senso alle teorie delle stringhe.

In altri settori, come la fenomenologia, le cose andarono in modo molto simile, anche se non ci dilungheremo su questo per non diventare ripetitivi. Si produssero migliaia di modelli, soprattutto supersimmetrici ma anche non-supersimmetrici, contenenti poche varianti di differenza, per ipotizzare la "nuova fisica" *oltre il Modello Standard*, cioè teorie che riproducono il Modello Standard nel dominio di energie testato finora dagli esperimenti, ma ipotizzano particelle nuove o nuove proprietà nei domini di energia ancora inesplorati. Anche questi modelli sono frutto di elucubrazioni teoriche fantasiose, prive di qualunque indizio sperimentale. Tra gli altri settori, non possiamo dimenticare la cosmologia, dove i dati sono ancora più rari ed è possibile speculare all'infinito sul big bang, sull'origine dell'universo, su ciò che sia successo *prima* del big bang, eccetera.

Stiamo parlando di un ambiente in cui le forze impiegate sono enormemente sproporzionate rispetto ai risultati ottenuti. L'impiego di un numero eccessivo di persone non è solo uno spreco, è un vero e proprio ostacolo al progresso e alla possibilità di fare progresso, quando per esempio dirotta l'attenzione dai problemi rilevanti a quelli irrilevanti e per forza di cosa induce anche le persone capaci ad accomodarsi sui problemi veicolati dalle mode, visto che occuparsi dei problemi veri richiede dedizione e vocazione all'ascetismo e all'isolamento.

La natura, del resto, la "costrizione" alla correttezza e all'originalità, non viene in soccorso, perché siamo in una fase in cui mancano completamente dati sperimentali nuovi o sono troppo scarsi. I pozzi senza fondo introdotti come surrogati, come la teoria delle stringhe, la modellistica fenomenologica, la supersimmetria, la cosmologia, permettono l'*altra libertà*, quella che manca nel confronto colla natura, cioè la libertà di dire tutto e anche il suo contrario, e dunque la possibilità di imporre la verità con la forza del sistema.

Qualcuno sostiene che ad un articolo valido non verrà mai negata la pubblicazione, nemmeno in un sistema come quello odierno, che quindi potrebbe essere guardato con una certa indulgenza. Certo, se l'autore è disposto a mandarlo successivamente a svariati giornali, facendolo peregrinare per mesi e mesi, l'articolo viene certamente pubblicato, prima o poi. Il punto vero è: dopo quanto tempo e a quale prezzo viene pubblicato? quanti articoli irrilevanti devono essere pubblicati per far posto ad un articolo valido? Ciò che conta sono gli effetti che questo sistema ha sul *seguito* che l'articolo potrebbe raccogliere e, a lungo andare, sulla scienza, sulla produzione scientifica nella sua globalità. Effetti che arrivano fino al totale congelamento del progresso, alla sterilizzazione della scienza.

Si potrebbe obiettare che anche considerando gli articoli pubblicati su riviste non soggette alla dittatura dei rating il quadro complessivo non cambia: non ci sono progressi, non ci sono grandi risultati. E quindi, indulgentemente, si potrebbe perdonare il sistema colla scusa che, in fondo, non ci siamo persi niente. Tuttavia, ci sono fasi storiche in cui le scoperte non arrivano e non possono arrivare da un singolo articolo geniale. In certe situazioni, e quella odierna è sicuramente tra queste, per arrivare alla grande scoperta è spesso necessario un preliminare lavoro di routine di anni e anni. Per concepire un articolo geniale sono necessari tantissimi articoli di livello intermedio. Sterilizzando la libertà scientifica e di ricerca si impedisce il lavoro di routine che porterebbe col tempo al lavoro geniale. Quindi si impedisce *anche* il lavoro geniale. Non si può assolutamente dire che in ogni caso non ci siamo persi nulla, perché non è analizzando quanto prodotto dai pochi che lavorano in condizioni estreme e proibitive che si può misurare quanto sarebbe prodotto in condizioni normali. Non è dunque di alcuna consolazione sapere che chiunque è libero di postare il suo articolo su arxiv.org e chiunque insista abbastanza riesce, dopo un certo tempo, a pubblicare il suo articolo su una rivista con referee.

Inoltre, di per sé la pubblicazione non è sufficiente a garantire che la conoscenza sia effettivamente propagata, o anche solo preservata. Abbiamo già osservato che seppellire ciò che è valido sotto tonnellate e tonnellate di irrilevante è nefasto quanto bruciare libri in piazza, alla Savonarola. Occorre poi far notare che gli articoli pubblicati non vengono quasi mai letti da nessuno, salvo gli articoli dei mainstream, che sono letti svogliatamente da replicanti ansiosi di produrre altri articoli di mainstream. Gli articoli, si badi bene, non vengono letti nemmeno dai commissari d'esame dei concorsi, i quali hanno a disposizione parecchi sistemi per evitare una "scocciatura" come quella, come contare le citazioni raccolte.

Potrebbe essere utile considerare situazioni verificatesi nel passato più o meno recente, dove è possibile trovare parecchi esempi di articoli di importanza capitale respinti dalle riviste principali, o pubblicati ma poi ignorati finché le idee proposte non furono riproposte più o meno indipendentemente anni e anni dopo. Solo successivamente qualcuno si mise a consultare la letteratura precedente per scoprire che le idee erano già state esplorate e pubblicate. Spesso è necessario che più persone facciano la sessa scoperta indipendentemente, magari a distanza di anni, perché quella venga finalmente alla luce. Non sempre la comunità è in grado di riconoscere subito la portata e la lungimiranza di un'idea. Non sempre si trova preparata a recepire il messaggio. Anzi, sono epoche fortunate quelle in cui il progresso viaggia a gonfie vele. Oggi degli articoli si guarda prevalentemente l'abstract, l'introduzione e i riferimenti bibliografici, per capire se l'autore è "uno di quelli giusti" o no. La comunità scientifica odierna è tra le meno preparate della storia a riconoscere il progresso, anche qualora se lo trovasse davanti agli occhi. Preferisce chiudere gli occhi, guardare altrove, o assopirsi, pur di non disturbare gli equilibri del sistema su cui si sorregge.

Lo tsunami di articoli mediocri che si è scatenato sulla fisica teorica degli ultimi due decenni fino ad affogarla non lascia scampo ai pochi articoli validi che sicuramente sono stati pubblicati nel frattempo, ma che sono inevitabilmente sprofondati nell'oceano di articoli mediocri, come i resti di un uragano. Oggi tutti siamo familiari con internet, e sappiamo che uno dei problemi più difficili è quello di rintracciare le informazioni desiderate nell'oceano di documenti prodotto globalmente dalla rete. Per questo hanno tanto successo i motori di ricerca, come Bing, Baidu, Google e Yahoo, per questo sono così importanti, e per questo i loro ideatori hanno fatto fortuna. Problemi simili sono tipici di molti esperimenti di fisica delle particelle, dove la parte più difficile è analizzare i dati, cioè i frammenti prodotti dalla collisione di particelle accelerate, per rintracciare i pochi eventi significativi in una miriade di eventi che non hanno alcun interesse. Cioè: cercare l'ago in un pagliaio di dimensioni planetarie. Non si nega ai pochi sopravvissuti, mossi da vocazione, coloro che non si vogliono adattare al sistema e allo stesso tempo si sono mostrati troppo duri da far fuori, il diritto di esistere e produrre. Ma la loro produzione sarà condannata ad essere quel famoso ago nell'altrettanto famoso pagliaio. Insomma, quando non si riesce ad allontanarli a priori, li si sterilizza a posteriori con questo metodo.

Unisono coreano. Se ci si vuol fare un'idea della comunità scientifica, per quanto riguarda la vitalità del dibattito interno, è utile pensare alla Corea del Nord. Tante persone che tessono lodi sperticate per il loro "caro leader", a cui in effetti devono tutto, a partire il posto di lavoro, e pochissime persone senza voce che "osano" contraddire le masse giubilanti. Un tale muoversi all'unisono è "spontaneo". Per anni e anni le masse hanno tessuto le lodi della teoria delle stringhe, il "caro leader" di qualche tempo fa. Morta quella, è subentrata un'altra "grande conquista senza precedenti" da magnificare come la rivoluzione copernicana del pensiero, il nuovo metodo per affrontare e risolvere tutti, ma proprio tutti, i problemi della fisica teorica, la corrispondenza AdS/CFT, il cui articolo capostipite è balzato in cima alle classifiche diventando il pù citato di sempre. Su questo argomento vengono pubblicati ancora oggi, a quindici anni di distanza, innumerevoli lavori discutibili tanto per consistenza interna quanto e soprattutto per utilità esterna, che pretendono di dimostrare la possibilità di "fare di tutto" usando l'AdS/CFT, "capire di tutto" e "spiegare tutto" con l'ausilio di questa tecnica che altro non è se non fumo negli occhi. Quindici anni di lavoro sprecato che non ha prodotto alcun vero progresso, ma ha impiegato migliaia di scienziati in tutto il mondo, che hanno occupato miriadi di posti universitari e nei centri di ricerca, e hanno ottenuto finanziamenti faraonici, sottraendoli così a tutti gli altri. Cosa lasceranno ai posteri quelle persone? Sì e no che ci si ricorderà della loro esistenza.

Ci si deve rendere conto che oggi si è costretti a lavorare in presenza di un terribile e assordante rumore di fondo, il coro delle masse giubilanti per il "caro leader", che una volta si chiama teoria delle stringhe, un'altra volta dualità, un'altra volta AdS/CFT, e così via. Un articolo scritto da una persona non allineata è una flebile voce sovrastata da quel sottofondo. Non si zittisce l'altro solo impedendogli di parlare, ma lo si zittisce anche quando si soffoca la sua parola in un frastuono infernale. Ecco, questo può finalmente dare l'idea al lettore di ciò che sta avvenendo nella scienza moderna.

La fisica giocattolo, la fisica dei toy-model, la scienza del noi e dei tutti, il ricorso sistematico alla letteratura invece che fornire spiegazioni, la pretesa di giudicarsi da soli ("chi non è stringhista non è abbastanza preparato per giudicare la teoria delle stringhe"): quella che abbiamo raccontato è l'*eutanasia della fisica*, il modo scelto dalla fisica per andarsene dalla storia, per fare ciò che ormai non avrebbe più senso rimandare oltre, cioè *morire*. Una scienza che a poco a poco è diventata essa stessa letteratura.

Abbiamo parlato dettagliatamente della teoria delle stringhe. Come detto quella teoria è già decaduta da qualche anno, anche se solo virtualmente, nel senso che gli stringhisti sono ancora molto attivi e riescono con i loro trucchi a farsi finanziare in parecchi paesi del mondo, tra cui l'Italia. Sono molto abili nell'enfatizzare i loro presunti risultati quasi fossero scoperte magnifiche, quando al massimo sono rimozioni di difficoltà interne alla teoria senza alcuna ricaduta sul resto dello scibile. Quando fanno da referee per le richieste di finanziamento amplificano senza alcuna esitazione i giudizi positivi sui progetti presentati dai colleghi stringhisti. Non esistono dubbi, per loro: chi lavora sulla teoria delle stringhe è una persona straordinaria, per definizione, qualunque cosa faccia, perché ha capito la cosa giusta. In questo modo garantiscono quasi sempre un vantaggio alle richieste di finanziamento per progetti riguardanti la teoria delle stringhe, rispetto alle richieste di finanziamento per progetti appartenenti ad altri domini di ricerca, dove di solito gli esperti esprimono giudizi più articolati e professionali. Un giudizio dettagliato e onesto può risultare penalizzante rispetto ai giudizi enfatici che gli stringhisti sono soliti esprimere su loro stessi e sui loro colleghi. Spesso basta questa piccola differenza a condannare un filone di ricerca alla sterilità. Dopotutto, i finanziamenti a disposizione sono limitati. Le risorse finanziarie che vengono destinate a un gruppo sono risorse sottratte a tutti gli altri gruppi. Per questo motivo sarebbe estremamente importante assicurarsi che non siano commessi abusi. Ma oggi non esistono precauzioni di nessun tipo per prevenire gli abusi, perché non c'è nemmeno la consapevolezza che gli abusi possano esistere, in questo campo. Si presume che il sistema basato su referaggi di esperti, conteggi delle citazioni e criteri simili funzioni e sia efficiente. Invece gli abusi ci sono e sono molto diffusi, anche perché riuscire a strappare finanziamenti agli altri gruppi può fare la differenza tra la vita e la morte, per un filone di ricerca. In parecchi paesi europei, però, il gioco degli stringhisti è stato scoperto e i finanziamenti che una volta venivano destinati al loro settore sono stati progressivamente ridotti. Non è il caso dell'Italia, sfortunatamente.

Dopo la decadenza della teoria delle stringhe propriamente detta, resistettero molti spinoff della stessa, come l'AdS/CFT, che, a dire il vero, è ancora in auge, quindici anni dopo la sua apparizione. L'involuzione, tuttavia, continuò e continua tutt'ora, nel senso che la ricerca successiva al 2006, in fisica teorica, per quanto un po' più libera dal dogmatismo assillante degli stringhisti, fu testimone di uno scadimento ben peggiore, al punto che oggi siamo costretti a scegliere tra rimpiangere le colossali balle degli stringhisti o disperarci per le nuove frontiere raggiunte di recente dal regresso galoppante.

Per essere più precisi, oggi non ci si limita a seguire idee vaghe e mal definite, si punta direttamente su idee manifestamente sbagliate, perché tanto... non se ne accorge nessuno... E alla fine quelle idee vengono anche premiate. Non ci sono controlli, i responsabili non vengono chiamati mai a rispondere di nulla, nessuno vede nulla e nessuno dice nulla... Viene il sospetto che molte persone che lavorano nel settore siano in buona fede, quindi sinceramente ignoranti e stupide, cioè che davvero non siano a conoscenza del fatto che molte delle idee che oggi seguono con tanta eccitazione e frenesia sono state già cassate decine e decine di anni fa. Molte persone, invece, sono degli autentici truffatori, che non si fermano di fronte a nulla pur di raccogliere citazioni, anche seguire idee manifestamente sbagliate per creare mode posticce e intanto accrescere i propri rating. Ma sicuramente altrettante sono le persone che non sono più in grado di distinguere un'idea sensata da una completamente campata per aria. L'ignoranza di ritorno sta aprendosi varchi insperati.

Vediamo un'altra argomentazione tipica.

Domanda. Alcuni nutrono dubbi che quella dimostrazione del teorema funzioni davvero.

Risposta. Molto probabilmente la dimostrazione è corretta. In ogni caso, l'articolo che l'ha proposta ha stimolato un interessante dibattito. Se anche la dimostrazione fosse incompleta, abbiamo comunque imparato molto da questa proposta.

Dire che la presunta dimostrazione di un teorema è "molto probabilmente" corretta non ha matematicamente alcun senso. Questa prima parte della frase, pronunciata da un'autorità della teoria delle stringhe, trasmette ai gregari il messaggio che la proposta non va letta e valutata per il suo contenuto e la sua eventuale correttezza o meno, ma per la sua verosimiglianza e per gli "usi" che se ne possono fare, che sostanzialmente vuol dire poterne ricavare una moda minore con cui raccogliere un po' di citazioni. Infatti, è chiaro che la correttezza o meno di una dimostrazione non è opinabile, può essere stabilita oggettivamente. Tuttavia, il livello di ambiguità del linguaggio usato dalle persone che lavorano in questo settore e nei settori affini è arrivato al punto da confondere il rigore matematico con la speculazione, la dimostrazione di una congettura colla congettura stessa. L'affermazione che "*noi* abbiamo imparato molto" da questa "dimostrazione", un'affermazione peraltro arbitraria e gratuita, può essere spesa, come si può facilmente immaginare, per operare discriminazioni e sperequazioni, difendendo a piacimento gli uni (quindi le proposte, idee e "dimostrazioni" degli uni) e riservando trattamenti ben diversi agli altri. Allo stesso tempo, la chiosa "se anche la dimostrazione fosse incompleta, abbiamo comunque imparato molto da questa proposta" è il tipico mettere le mani avanti di chi mente sapendo di mentire, consapevole che si tratta di una costruzione fallace e vuota, ma intenzionato a coprirla in modo che possa essere "spesa" per un po' di tempo, al fine di raccogliere citazioni e finanziamenti. Un'affermazione come quella riportata sopra fu addirittura usata come pretesto per giustificare un cospicuo premio in denaro dato a uno degli autori della presunta dimostrazione. Naturalmente non sarebbe mai successo se quell'autore non avesse fatto parte del giro giusto di persone.

Quella "dimostrazione" apparve fin da subito manifestamente sbagliata a tutti coloro che avevano conoscenze di base della teoria dei campi quantistici. Nonostante questo fu ripresa e seguita da numerosi *follower* (seguaci), ricevette numerose citazioni, fu inserita come argomento chiave di svariate conferenze internazionali, e infine fu celebrata e premiata a suon di dollari. Il tutto come a volerne imporre la correttezza con la forza del consenso. E nemmeno consenso spontaneo, come abbiamo visto, ma indotto usando trucchi e abusi, in un certo qual modo consenso "comprato". A queste situazioni, che sono al limite del ridicolo, si è arrivati recentemente, e mostrano che la decomposizione è ormai a livello avanzato e probabilmente irreversibile.

Potremmo fare altri esempi di casi recenti in cui mode di successo sono state costruite su idee manifestamente sbagliate (e note da decenni come tali), hanno avuto seguito per lungo tempo nonostante tutto, e i cui articoli capostipite hanno raccolto centinaia e centinaia di citazioni. Quando dico basate su idee manifestamente sbagliate intendo dire idee che anche uno studente di dottorato è in grado di identificare come non corrette. Quando gli "studiosi" capiscono che attorno a delle idee, sensate o meno che siano, potenzialmente utili o meno, che abbiano o meno un futuro, che possano o meno allargare la nostra conoscenza, - quando capiscono che è possibile costruire un mainstream attorno a quelle, scrivere centinaia di articoli su quell'argomento, autocitarsi e autoreferarsi, e così continuare indisturbati per mesi e mesi, nessuno è in grado di fermarli. Nessuno. La tentazione è così forte, i controlli così labili, e il vuoto complessivo di idee in cui si trova la comunità scientifica odierna talmente spinto, che decine e decine di persone si tuffano in questi filoni sterili dalla nascita senza la minima esitazione. Quando il numero di quelle persone è abbastanza alto (basta qualche decina) è corrispondentemente alta la probabilità che al momento della sottomissione di un articolo ad una rivista per la pubblicazione siano consultati referee appartenenti allo stesso gruppo, cosa che assicura la pubblicazione spedita dell'articolo, qualsiasi cosa esso contenga.

Come è possibile che decine di persone scorrelate tra loro decidano spontaneamente ed improvvisamente di lavorare sullo stesso argomento? Oggi molte persone eccellono nell'abilità di capire prontamente quando un articolo può aprire una nuova moda. Spesso basta il linguaggio con cui un articolo è scritto a far capire che ha buone probabilità di ottenere un seguito: i riferimenti a varie altre mode del momento, le argomentazioni *impressive* e accattivanti, l'applicabilità a problemi facili con cui poter scrivere molti altri articoli, e quindi la "spendibilità immediata" delle proposte contenute nell'articolo. Per chi si vuole buttare su quel filone si tratta anche un po' di una scommessa, di un azzardo, ma a ben guardare è una puntata ben giocata. Ci sono persone che sviluppano *queste* capacità, *queste* doti, cioè quelle di capire prima possibile quando un articolo può trasformarsi in una moda. In fondo, il sistema attuale seleziona le persone in base a doti come queste.

D'altra parte, quando uno studioso parla di un argomento che non è inquadrato nel mainstream, la gente reagisce con disinteresse, o si mostra palesemente annoiata o disgustata. L'oratore si sente alieno in un mondo di uguali. Se tiene un seminario sui risultati delle ricerche che ha sviluppato seguendo unicamente il suo intuito personale, facendo ciò che lui giudica utile per far fare progresso alla scienza, si accorge subito di annoiare il pubblico, che avrebbe preferito sentirsi dire qualcosa sul mainstream del momento. Lo legge negli occhi dei presenti, lo percepisce dalle loro facce, lo respira nell'aria. Sa di far perdere loro del tempo.

Davide e Golia

> *"Se Enrico Fermi fosse vivo,*
> *oggi si occuperebbe di teoria delle stringhe."*
> Nathan Seiberg

> *"La teoria delle stringhe è così bella,*
> *che non può non essere vera."*
> Nathan Seiberg e tanti altri

> *"Il più grande insegnamento della fisica di questo secolo è:*
> *spazzatura attorno a noi, luce e bellezza lassù"*
> David Gross

Se vogliamo capire bene come una civiltà possa irreversibilmente imboccare la strada del regresso dobbiamo chiederci cosa la spinge a farlo, dove stia l'errore di fondo, cosa favorisca l'attecchire e lo svilupparsi di tante convergenti pulsioni autodistruttive e nichiliste. I comportamenti descritti fin qui

Davide e Golia 75

non sono soltanto sintomi di un'inqualificabile disonestà di fondo, propensione al parassitismo, opportunismo e carrierismo, e inclinazione a privilegiare sistemi di selezione che perpetuino questi stessi comportamenti. Sotto sotto c'è qualcosa di assai più serio e preoccupante.

Chiediamoci per un attimo se sia possibile stabilire le leggi fisiche della natura vincolandoci a rispondere senza fare esperimenti. Possiamo immaginare che la natura sia descrivibile in termini di "particelle" in interazione tra loro, prima di aver mai visto queste particelle? Forse sì, ma si tratterebbe di una supposizione come un'altra. Potremmo ugualmente supporre il continuo. Come ci insegnano i filosofi della Grecia antica, lavorando unicamente con il nostro pensiero possiamo concepire entrambe le possibilità. Tuttavia, non possiamo decidere tra le due senza osservare la natura. Possiamo "immaginare" che un tipo di interazione abbia le proprietà di quella elettromagnetica, a partire da una forza che agisce tra particelle in qualche modo "cariche" e che l'intensità di quella forza vada come uno sulla distanza al quadrato? Davvero possiamo immaginare ciò senza fare esperimenti? Quante possibili interazioni dovremmo esaminare mentalmente per essere sicuri di beccare *anche* quella giusta? E anche se fossimo sicuri che tra le possibilità esaminate ci fosse davvero quella giusta, di che utilità ci potrebbe essere questa informazione, visto che non sappiamo *qual è* quella giusta tra le tante? Qual è la probabilità che indoviniamo, se non facciamo *almeno* delle verifiche sperimentali, dopo essere stati illuminati non si sa da dove e aver concepito quelle che soggettivamente ed arbitrariamente reputiamo essere delle idee brillanti?

Chiunque è in grado di capire che tutto questo discorso è assurdo, tranne il teorico delle stringhe, però, che risponde: sì, la mente umana ha questo potere. Egli sostiene che una sola deve essere alla fine la teoria logicamente autoconsistente, e che non deve possedere alcun parametro libero. Per cui in principio essa deve essere deducibile *completamente* e *solamente* con la forza del pensiero. Quella del teorico delle stringhe, pertanto, è chiaramente una *religione*.

Più precisamente, si potrebbe ipotizzare, per esempio, una forza elettromagnetica che decresce come il cubo della distanza, invece che il quadrato. L'idea della religione delle stringhe è che prima o poi si dovrebbe scartare una simile ipotesi, perché porterebbe *inevitabilmente* a qualche tipo di inconsistenza interna o logica. Si badi bene: un'inconsistenza *logica*, non un'inconsistenza con i dati sperimentali. Similmente, si potrebbe provare a concepire un mondo senza interazioni elettromagnetiche, o senza interazioni deboli o forti, ma *alla fine* si dovranno inserire quelle interazioni, e si dovrà descriverle esattamente per come sono fatte in natura, perché ci si troverà di fronte alla necessità matematica di risolvere contraddizioni logiche altrimenti irrisolvibili. Pertanto, esplorando tutte le ipotesi concepibili saremo costretti ad apportare modifiche alla nostra costruzione finché non saranno superate tutte le inconsistenze interne. Ciò porterà alla sola ed unica teoria vera della natura, perché la teoria priva di inconsistenze deve essere unica, e deve quindi coincidere con la natura. Il tutto è dunque possibile senza fare esperimenti, senza studiare la natura, ma unicamente esplorando le nostre costruzioni mentali.

Cosa è veramente pensabile senza fare esperimenti? A posteriori alcune idee e intuizioni della fisica possono apparire semplici e *logiche*, al punto che qualcuno può davvero essere indotto a credere che avrebbero potuto essere concepite anche senza l'ausilio dei dati sperimentali. Ma si tratta sempre dell'errore del senno di poi, l'illusione che si ha guardando le cose a ritroso nel tempo, ciò che nasconde ogni bivio, ogni multiforcazione che metteva lo scienziato di fronte a una moltitudine di alternative che in quel momento sembravano tutte ugualmente percorribili. Si può concepire un'idea come Democrito ebbe l'idea dell'atomo, cioè un'ipotesi tra le tante, magari ottenuta per negazione delle ipotesi altrui, ma che non offre nessuna vera predittività. Il trucco è quello dei prestigiatori: nascondere in posti diversi tanti biglietti con dei numeri scritti sopra, poi chiedere all'ospite: "pensa un numero", e a seconda del numero pensato, rivelare: "sapevo che avresti pensato quel numero; infatti l'ho anche scritto: alza la tazzina sul vassoio e troverai un biglietto con scritto sopra proprio quel numero." Se il numero pensato fosse stato diverso, avrebbe indirizzato il suo ospite in un posto diverso, per fargli leggere un biglietto diverso. Il trucco sta nel dire tutto e il contrario di tutto, perché così si è sicuri di dire anche la cosa giusta. Il problema è che nessuno è in grado di predire che qual è la cosa giusta. E infatti Democrito non poteva che offrire una sua convinzione personale da contrapporre ad un'altra convinzione personale.

La realtà è che con l'intuizione e il puro e semplice pensare si può cogliere l'immagine nascosta di un puzzle soltanto quando i dati sperimentali sono sufficienti a completare dal 60% in su di quel puzzle. Spesso è addirittura necessario il 90%. Predire il bosone di Higgs fu possibile perché gran parte del Modello Standard era già definito. Predire la supersimmetria, invece, è un azzardo al 100%, perché non esiste alcun indizio che punti in quella direzione. La grandunificazione può affascinare molti come idea, ma, di nuovo, non esiste alcun indizio a favore di quella rispetto all'idea opposta. Al punto che qualcuno ha proposto che, al contrario, le interazioni della natura siano "massimamente disunificate", un'idea che ha avuto poco seguito, ma non per questo meno verosimile. Le altre idee proposte successivamente o contemporaneamente alla grandunificazione e alla supersimmetria sono ancora più peregrine. Per esempio, qualche anno fa fu proposta l'esistenza di "large extra dimensions", dimensioni ulteriori rispetto alle quattro in cui viviamo, tali da avere effetti su scale di grandezza molto maggiori della scala di Planck (la scala a cui la gravità dovrebbe comportarsi in modo quantistico). Tralasciando i dettagli, non è difficile rendersi conto che a tutti gli effetti si sta procedendo a caso, nel buio più pesto, privi di qualunque dritta sperimentale, buttando lì ora quest'idea, ora quest'altra, per puro divertimento, come maniera di socializzare. Non è questo Evo Medio?

Nel varco conseguente alla mancanza di nuovi dati sperimentali si sono inseriti con relativa facilità i *razionalisti*, all'inizio chiedendo, e a buon diritto, semplicemente lo spazio a disposizione per studiare le loro proposte, per quanto intrinsecamente discutibili, poi adoperandosi per occupare *tutto* lo spazio a disposizione, e pretendendo dagli altri una fiducia quasi cieca nei loro dogmi, senza aver mai prodotto risultati degni di questo nome, cioè predizioni fisiche testabili ed eventualmente falsificabili.

Due visioni si combattono da sempre nell'arena del pensiero scientifico, e più in generale del pensiero filosofico, due attitudini profondamente diverse nella natura, nei mezzi e negli obiettivi: la visione che potremmo definire rinascimentale, o galileiana, e la visione cartesiana, o razionalista. La visione cartesiana torna alla ribalta quando le scoperte cominciano a scarseggiare, il flusso di nuovi dati sperimentali si arresta, e l'essere umano è costretto inopinatamente a fare i conti con se stesso e i suoi limiti. Non volendo accettare i propri limiti, comincia a vaneggiare di essere capace di cogliere le leggi della natura anche facendo a meno dei dati sperimentali, per esempio in base a richieste di consistenza interna o bellezza estetica. Una volta che il vaneggio ha inizio non si ferma più ed evolve rapidamente nelle assurdità che abbiamo raccontato, fino a diventare allucinazione. D'altra parte, nei periodi in cui il metodo galileiano è vincente, l'ideologia cartesiana non ha praticamente alcuno spazio, perché chi contrappone teorie mal definite e discutibili a quelle che stanno dando prova di funzionare non riesce a raccogliere alcun consenso. Costoro sono costretti ad aspettare i periodi di relativa "disperazione", nei quali l'essere umano comincia ad elucubrare senza fine, a soffrire di allucinazioni, e dunque perde progressivamente la cognizione della differenza tra il reale e l'assurdo. In quel contesto l'ideologia cartesiana, assurda ma meno assurda di tante altre, ritrova fiato. La possibilità di ritornare sui binari galileiani, però, si riduce corrispondentemente, pregiudicando il futuro della scienza.

In sostanza, il razionalista ipotizza, più o meno consapevolmente, che la "logica" esista *in sé*, in un qualche iperuranio, indipendentemente da noi e dalla natura, e dunque non sia il frutto, per certi versi involontario, della nostra interazione con la natura. Inoltre ipotizza che ci sia una perfetta o sufficiente aderenza tra la logica e la natura, di modo ché si possa studiare la natura studiando la logica. È dunque portato a pensare che indagando la logica si possa spaziare senza confini, senza i limiti e le difficoltà intrinseche di un esperimento, e che sia possibile in principio capire tutto. In realtà, queste ipotesi sono molto restrittive, gratuite e ingiustificate, perfino ingenue, oltre che molto datate e superate dalla scienza moderna. Superate proprio in virtù di quei risultati scientifici che il razionalista si affanna a negare o diminuire.

La verità è che logica e la matematica sono anch'esse frutto dell'interazione tra noi e la natura, assorbite da noi in modo più sottile e involontario della conoscenza che normalmente apprendiamo facendo uso di esperimenti e teorie. Se ragioniamo come ragioniamo è perché siamo fatti come siamo fatti e viviamo nell'ambiente in cui viviamo. Non esistono misteriose relazioni o connessioni con mondi immaginari e inesistenti. Ancora oggi l'essere umano è abituato a credere in una logica "esterna" alla natura, ma questa è una fantasia giustificabile solo col fatto che non si è mai accorto di essere stato plasmato dalla natura stessa. Tra parentesi, da chi altro dovrebbe essere stato plasmato, se non dalla natura? da dove altro dovrebbero provenire la nostra logica e la nostra matematica? Ci fossero mai stati dubbi su queste questioni, la meccanica quantistica e la teoria dei campi quantistici li hanno fugati.

La meccanica quantistica e la teoria dei campi richiesero e richiedono che lo scienziato si ponga nei confronti della natura in un atteggiamento molto più umile e saggio di prima, predisposto a farsi plasmare, pronto ad assorbire la logica dalla natura invece che cercare di imporre alla natura la sua logica personale. La "nostra" logica altro non è che la logica che abbiamo inconsciamente ed involontariamente assorbito interagendo con una parte della natura, quella in cui siamo immersi quotidianamente. Non può sorprendere che per studiare una parte remota della natura, che non ci è familiare, quale i fenomeni che hanno luogo alle distanze infinitesime, siano necessarie una matematica e perfino una logica diverse e completamente nuove.

La visione cartesiana del mondo nega, o al più ignora, tutto questo. Ciò che non si inquadra nella visione cartesiana del mondo viene definito un "errore che funziona", cioè una legge fisica che funziona di fatto, in virtù di esperimenti che ne attestano la correttezza, ma che non dovrebbe funzionare, in base alle aspettative della "logica razionalista". Quel comportamento "anomalo" deve necessariamente nascondere qualcosa che non siamo in grado ancora di cogliere, ma che sicuramente ricondurrà il fenomeno all'interno della visione razionalista. L'esempio più eclatante di errore che funziona fu la meccanica quantistica, così definita da chi non si voleva affrancare dalla logica deterministica. I cartesiani devono pertanto lavorare d'ingegno per cercare di riassorbire l'errore che funziona nella loro propria visione del mondo, usando cavilli ed artificiosità di qualunque tipo, come le famose *variabili nascoste* a lungo cercate per reinterpretare la meccanica quantistica in modo deterministico. I razionalisti spendono le loro energie a questo tipo di attività, invece che spenderle a cercare di imparare dall'errore che funziona: non possono accettare che... la Ragione abbia torto.

L'utilità pratica o il confronto con la natura non sono tra i propositi e metodi prioritari della visione cartesiana. Tuttavia, essa pretende di essere *eterna* ed *universale*, cioè valere per ogni situazione ed ogni tempo. La visione rinascimentale, d'altra parte, non può nulla quando vengono meno il controllo colla natura e l'utilità pratica, se non ammettere la propria impotenza e capitolare. Spesso all'uomo interessa *credere* e alimentarsi di illusioni, e in questo la visione galileiana non può venirgli incontro.

In fisica teorica il razionalista ammira la *bellezza* formale delle teorie e delle equazioni, è attratto dalle coincidenze estetiche o numerologiche tra formule matematiche, si convince che non possano essere pure e semplici coincidenze o comunque aspetti secondari, ma che nascondano qualcosa di più profondo, che siano indizi delle qualità del Logos, del Verbo. Va alla ricerca di proprietà che stimolino il senso estetico dell'intelletto, cioè che siano *impres-*

sive, più che risultati concreti, privilegia i modelli artificiali (*toy-models*) in cui tali proprietà abbondano, anche se sono poco vicini alle teorie che descrivono la natura, non sa distinguere il *gratuito* dall'utile, usa sistematicamente il verbo "credere" (*to believe*), si riferisce spesso al "creatore" dell'universo, o a qualche concetto equivalente, espone i suoi argomenti prevalentemente in forma interrogativa retorica negativa ("*Would you believe* - ci crederesti - che chi ci ha creati abbia cosparso il mondo di curiose relazioni soltanto per prenderci in giro?"). È alla costante ricerca di quelle proposizioni che meglio stimolano quella sorta di *piacere razionale* ben noto da chi lavora nel settore, ma dietro al quale si nasconde quasi sempre la più vuota gratuità. Ormai la fisica, in balia dei razionalisti, si compiace dei giochi razionali di parole. La fisica teorica contemporanea è una fisica *impressivista*.

Dunque, secondo questi razionalisti per prima cosa dovremmo assumere che qualcuno ci ha creati, poi dovremmo assumere che quell'essere lo abbia fatto per un motivo preciso, poi che tra i motivi precisi non ci sia quello di divertirsi prendendoci in giro. Infine, se facciamo tutte queste ipotesi indimostrabili, forse, e dico forse, riusciamo a dedurre che queste presunte relazioni non sono pure coincidenze, ma segnali di una volontà superiore? Davvero? E che scienza sarebbe mai una scienza come questa?

E ancora: "sappiamo che in natura esistono principi di simmetria legati ai campi di spin 1 e 2 (elettromagnetismo e gravità, rispettivamente), *would you believe* - crederesti - che non ci sia un principio di simmetria legato ai campi di spin 3/2 (la supergravità)?". È quanto può capitare di sentirsi dire da coloro che fanno propaganda alla supergravità, la versione supersimmetrica della gravità. Dunque, le interazioni elettromagnetiche sono descritte da campi di spin 1, quelle gravitazionali da campi di spin 2, per cui se traccio una linea che passa per i due punti essa attraversa 3/2, quindi ne deduco che deve esistere una nuova interazione, la supergravità, perché essa postula un campo di spin 3/2. Che argomento è mai questo?

Il razionalista spiega che se una costante fisica ha un dato valore e non un altro, la ragione profonda non può essere "fisica", ma deve necessariamente essere "matematico-geometrica". In altre parole, deve esistere una qualche profonda nozione matematica che interpreta il numero in questione come una "fondamentale" quantità associata a quella nozione. Trovata una nozione del genere, di solito costruita a posteriori per servire allo scopo, il razionalista si compiacerà della sua costruzione: "ecco! Ecco *il motivo profondo per cui*

Davide e Golia

la costante ha quel valore. Ecco *la spiegazione*. Ecco cosa *voleva* il grande architetto che fece il mondo, cosa aveva pianificato per noi." Per concludere che "se fossimo stati sufficientemente accorti, avremmo potuto scoprire questa coincidenza anche prima di fare qualunque esperimento", in una malsana inversione di ruoli in cui non si riesce più a distinguere ciò che è causa da ciò che è effetto, ciò che è origine da ciò che è conseguenza.

Lo scopo della fisica è decodificare le leggi della natura, sviluppando un linguaggio adatto allo scopo. Essa non si propone di "spiegare" in alcun senso diverso da questo, in particolare non vuole rispondere alla domanda "perché?". Il razionalista invece si apre una breccia facendo leva sulla innata curiosità umana di trovare risposte a questo tipo di domande mal poste. "Perché il Modello Standard ha tanti parametri indipendenti? Perché è fatto così invece che diversamente? Perché alcune costanti fisiche hanno valori numericamente piccoli e altre hanno valori numericamente molto più grandi?", e così via. Queste domande hanno un suono attraente e accattivante per molte persone, quelle che non riescono a distinguere la scienza dalla letteratura. Tanto basta per proporre distrazioni che poi finiscono per ricevere più attenzione delle domande ben poste e alla fine riescono a deviare completamente il corso della scienza.

Le costruzioni mentali del razionalista sono fatte a posteriori, e quindi non predittive. Di solito sono eleganti reinterpretazioni successive, rivestimenti concettuali, che al massimo possono essere utili come maniere alternative di comprendere il già noto. La predittività, invece, consiste nel suggerire nuovi esperimenti e anticipare i risultati di nuove misure che siano confermati sperimentalmente. Ci si potrebbe accontentare di sviluppi concettuali interessanti, purché non diventino totalizzanti e non siano imposti come dogmi. La pretesa di riscrivere la storia di quanto già accaduto, sentenziando che il motivo per cui la data costante fisica ha un tal valore è quello cucinatole addosso a posteriori, è invece velleitaria. Tuttavia, il razionalista non è in grado di accorgersi dell'inconsistenza logica del suo procedere e dunque continua imperterrito per la sua strada, concentrato unicamente nell'attività di carpire i segnali dell'architetto del mondo che gli fa l'occhiolino.

Il Modello Standard contiene una ventina di parametri indipendenti. Si tratta delle famose costanti fisiche, i cui valori non possono essere predetti dalla teoria, e dunque necessitano di essere misurati sperimentalmente. La cosa dà scandalo al razionalista, che ritiene prioritario cercare una descrizione "superiore" che mostri, ad esempio, che il 17-esimo parametro è funzione dei primi 16, o meglio che tutti i parametri sono funzioni di uno solo o di nessun parametro libero. Il rischio della tautologia in questo tipo di problemi è molto alto: non è difficile scrivere il 17-esimo parametro in funzione dei primi 16. Si risparmia un parametro, ma si introduce una funzione prima assente, con un guadagno complessivo nullo. Anche se si riuscisse ad elaborare un modello più simmetrico dell'attuale, che contiene dunque meno parametri indipendenti, quantificare il progresso effettivamente compiuto risulterebbe comunque assai difficile, perché richiederebbe possedere una classificazione completa ed esaustiva di tutti i modelli e di tutte le simmetrie. Perlomeno, la descrizione nuova, per essere effettivamente vantaggiosa, dovrebbe dimostrarsi utile in situazioni prima inesplorate, cioè dovrebbe essere predittiva. E questo non è mai successo per le speculazioni recenti (grandunificazione, supersimmetria e teoria delle stringhe).

Non capita raramente che la fisica trovi conveniente servirsi di una nozione sviluppata precedentemente, tra molte altre, dalla matematica; ma questo non significa, come invece pretende il razionalista, che qualcuno fosse in grado di anticipare che quella nozione, tra mille altre, fosse destinata a conoscere una applicazione fisica, magari importante. Al meglio, con questo metodo si dovrebbe procedere "provandole tutte". E questo è in effetti anche quello che fa il fisico, subito dopo le scoperte, quando la teoria è ancora a livello embrionale, quando il puzzle è nella fase iniziale, fino al 10-20% del suo completamento: gli esperimenti immediatamente successivi, numerosi e in molte direzioni, servono proprio ad individuare la strada giusta tra le tante suggerite dalla mera elucubrazione mentale. Ma se i controlli sperimentali mancano, come succede oggi, le potenzialità del procedere "provandole tutte" si riducono esponenzialmente, ciò che dimostra che questo aspetto del metodo è solo un ingrediente e non il metodo stesso. Il razionalista, allora, supplementa questo ingrediente con un criterio avulso al metodo scientifico, il criterio estetico-matematico: pretende di selezionare la strada giusta in base all'eleganza matematica, nella fede che quella rifletta i piani dell'architetto del mondo.

Secondo il razionalista, l'evoluzione del pensiero scientifico nella seconda parte del secolo scorso corrobora le sue tesi. Che le interazioni fondamentali siano descrivibili in termini di simmetrie è per lui indizio sufficiente a concludere che tutta la natura, le interazioni e la materia debbano essere spiegate

Davide e Golia

in modo simile. Da lì prosegue dicendo che la simmetria deve essere la più semplice e bella possibile, la più "economica", e quindi che tutto l'essere deve essere posto in relazione di simmetria con se stesso, ogni suo aspetto essendo il riflesso, o il simmetrico, di qualche altro aspetto apparentemente diverso. Prima la grandunificazione, poi la supersimmetria, infine la teoria delle stringhe. Tutto quello che seguì, tuttavia, fu un puro e semplice viaggio nel mondo delle curiosità razionali, una più gratuita dell'altra, ma, allo stesso tempo, una più *impressive* dell'altra.

A chi guarda la storia col senno di poi, come fa il razionalista, le conquiste "vincitrici" possono sembra "naturali, belle ed uniche" (almeno quelle che si sposano con la sua ideologia), quindi addirittura intuibili a priori in base a criteri razionali o estetici, dimenticando che anche le alternative nel frattempo cestinate apparivano, prima che la natura le rigettasse, altrettanto "naturali" e probabilmente persino "eleganti" secondo i gusti umani. Ricordando soltanto la strada giusta, e dimenticando quante strade sbagliate fu necessario percorrere per individuarla, il razionalista conclude che quella strada poteva essere percorsa anche senza l'ausilio delle indicazioni della natura, semplicemente riflettendo bene, cioè *pensando*.

La storia della scienza moderna è la storia dell'eterna contrapposizione fra razionalismo e metodo scientifico. Il razionalismo trae ispirazione dalla convinzione che l'essere umano occupi un posto privilegiato nell'economia dell'universo. I razionalisti sopravvalutano enormemente l'essere umano e le sue qualità: l'intelligenza che ci contraddistinguerebbe dagli animali, i quali ne sarebbero privi, il linguaggio, di cui pure gli animali sarebbero privi, e la coscienza, di cui ancora gli animali sarebbero privi. Chissà da dove traggono la convinzione che gli animali sono così lontani da noi. In ogni caso, partendo da queste assunzioni l'apparire nel corso dell'evoluzione di un essere tanto speciale e tanto intelligente (!) come quello umano non può assolutamente essere dovuto al caso. Deve per forza essere indizio di un disegno sottostante e di una qualche volontà precisa. In definitiva, una volta accettata l'evoluzione e la nostra discendenza da esseri scimmieschi, si riesalta l'essere umano dichiarandolo *il fine* dell'evoluzione stessa. Tale presunzione finisce col far credere che in un tale essere siano intrinsiche le potenzialità di capire la natura senza nemmeno bisogno di osservarla, in quanto essere privilegiato di un disegno elaborato oltre la natura stessa. Dunque la conoscenza accumulata dagli uomini non sarebbe frutto di banale apprendimento dall'interazione col mondo esterno, magari col metodo più brutale e meno razionale che esista, il metodo della prova e dell'errore, né sarebbe da ascrivere al grande lavoro degli uni che vanno a sbattere contro un muro, consentendo agli altri di imparare a non sbattere più. No, deve esserci sotto qualcosa di "razionale". E quindi quest'essere così speciale che è l'uomo ha motivo di cercare indizi del suo creatore o architetto e pensa di trovarli in certe leggi fisiche che evidenziano vagamente di una qualche maggiore simmetria ad alte energie piuttosto che a basse, suggerendo quindi che il creatore si trovi là: alle alte energie.

L'estremizzazione dell'idea di unificazione delle forze della natura porta inevitabilmente a pensare che le energie elevate (o, equivalentemente, le distanze infinitesime) siano il regno dell'armonia, della simmetria, della perfezione, della bellezza, il luogo del Logos, o Dio, o Ragione, e che invece le basse energie (o, equivalentemente, le distanze ordinarie), più vicine a noi, siano il regno dell'imperfezione, dell'anomalia, dell'uomo, l'anello che non tiene, l'errore che funziona, il regno della spazzatura nascosta sotto il tappeto. Questa è un'estremizzazione assai avulsa alla scienza, ma purtroppo è così fortemente radicata nell'ambiente scientifico contemporaneo che è diventata una specie di dogma.

"Secondo me il più grande insegnamento della fisica di questo secolo è: spazzatura attorno a noi, luce e bellezza lassù (*garbage around us, beauty and light up there*)": è quanto disse David Gross, in quella circostanza difensore a spada tratta della teoria delle stringhe, ad un convegno sulla filosofia della teoria dei campi tenutosi nel marzo del 1996 alla Boston University. Tale verve neoplatonica è vagamente ispirata dalla proprietà già menzionata del Modello Standard che ad energie elevate (*up there*) possiede più simmetrie (*beauty and light*) che ad energie basse (*around us*), dove invece alcune simmetrie vengono violate (e questo, naturalmente, è il *garbage*).

La contrapposizione di cui abbiamo parlato ci fa capire che il metodo scientifico è tutto fuorché una conquista definitiva. Esso è continuamente a rischio. Finché c'è abbondanza di dati sperimentali riesce a resistere alle spinte disgregatrici del razionalismo, ma quando i dati sperimentali cominciano a scarseggiare soccombe.

Il principio di simmetria è il fondamento del procedere di una fisica che vuole fare a meno dell'esperimento. Il razionalista si propone di studiare e classificare tutte le simmetrie pensabili. Occorre sapere che ogni legge della natura si può esprimere mediante una "legge di conservazione", cioè identificando delle quantità che rimangono costanti nel tempo. L'invarianza temporale di queste quantità, come ad esempio l'energia, che sono funzioni a loro volta di altre quantità, come ad esempio la posizione e la velocità, determina l'evoluzione temporale di queste altre. Ogni legge di conservazione è, per sua stessa natura, un principio di simmetria, per cui cimentarsi nel compito di classificare tutte le simmetrie pensabili coincide coll'intraprendere la titanica impresa di perlustrare tutte le leggi della natura suggerite dalla propria mente. Ciò che manca è un criterio per privilegiare le une sulle altre, per discriminare quelle che dovrebbero avere rilevanza fisica da quelle che non ne hanno. Il razionalista adotta un "criterio razionale-estetico", scegliendo in maniera completamente arbitraria quelle simmetrie che a lui sembrano più "belle" o eleganti.

Ciò che colpisce è che una situazione come quella presente, invece che far riflettere sui propri limiti e suggerire una certa prudenza e, magari, umiltà, abbia aperto le porte alla più grande superbia immaginabile, la pretesa di essere sul punto di spiegare tutto senza parametri arbitrari, unicamente in base ad argomenti di autoconsistenza logica.

Chi lavora sugli argomenti del mainstream chiede, a colui che esplora orizzonti nuovi e suoi: "Perché lo fai?" Chi non segue la corrente deve giustificarsi, fornire un pretesto, una ragione. Chi segue, no. La Ragione è dalla sua.

Il razionalista cerca un ragionamento discendente direttamente dalla Ragione che gli dimostri, tra le altre cose, che qualunque altro essere illuminato farebbe al suo posto esattamente quello che sta facendo lui. Così si colloca al di là di ogni responsabilità, spersonalizzando la conclusione a cui arriva. Egli non la vede come legge universale e necessaria, dimostrata tale alla prova dei fatti, ma come emanazione diretta della Ragione, di cui si sente il *tramite*. Quindi quella legge è vera a priori e fuori discussione. Per questo usa spesso il *noi*. Scansa ogni colpa possibile, ma si tiene un merito, una soddisfazione personale di cui vantarsi: quella di essere stato *scelto*, *eletto* dalla Ragione a servirla in quel dato momento, in quel dato modo.

Tutti i giorni compaiono su arxiv.org articoli contenenti proposizioni del tipo "using string theory we explain that..." ("usando la teoria delle stringhe spieghiamo che..."'), "we derive... from string theory" ("dalla teoria delle stringhe deriviamo..."), "we show that string theory predicts..." ("dimostriamo che la teoria delle stringhe predice..."). I puntini di sospensione stanno ad indicare qualche proprietà o nozione già note per altra via. In realtà non si tratta mai di vere spiegazioni, derivazioni o predizioni, ma di "embedding" (immersioni): qualunque cosa può essere *immersa* nella teoria delle stringhe, che, infatti, è la teoria del tutto, almeno nel senso che dentro ci può stare letteralmente di tutto. Tramite la teoria delle stringhe si può effettivamente dire di tutto, ma anche il contrario di tutto, e quindi non si può *pre*-dire niente. Dato un qualunque risultato già noto per altra via, esiste sicuramente un settore (un modello, un limite, un caso particolare) della teoria delle stringhe che... "ce lo avrebbe potuto predire". Si tratta di un abile gioco di parole per mascherare un'illusione assai ingenua.

Le "predizioni" razionaliste del tipo che ho appena descritto richiamano alla mente quel discorso comune secondo il quale tutte le azioni dell'uomo fa, tutta la sua vita, e così pure l'umanità, il passato e il futuro, siano già scritti "da qualche parte" e, per questo motivo, l'essere umano non sia da considerarsi veramente libero, ma un "esecutore" di ciò che sta già scritto. Per il razionalista si tratterebbe del libro della Ragione, il libro della teoria delle stringhe. Alcuni scienziati hanno visto nella teoria delle stringhe un segno divino, una rivelazione, un annuncio del Messia... e alle volte rivelano queste loro convinzioni esplicitamente durante le conferenze. Le frasi di David Gross riportate sopra ne sono un esempio.

La simmetria, sia detto per inciso, non è mai in grado di risolvere un problema senza input esterni, perché lascia un grado di arbitrarietà infinito. Occorrerebbe una simmetria infinita per ridurre l'arbitrarietà a un grado finito, ma i modelli che posseggono una simmetria infinita sono pochi, di interesse puramente accademico, oppure hanno applicazioni in casi o limiti particolari che si possono realizzare per esempio in opportuni sistemi statistici. Non sono assolutamente in grado di descrivere la fisica delle alte energie, le particelle elementari.

La teoria delle stringhe è solo uno dei segni che ormai siamo entrati nel Nuovo Medio Evo. Non ci si preoccupa più del riscontro sperimentale: nel Medio Evo perché neanche ci si pensava, ora perché si teorizza che non sia necessario. In un certo senso, l'esperimento è caduto in disuso e in disgrazia. Per le speculazioni attuali la sperimentazione è purtroppo al di fuori della nostra portata e tale rimarrà nei secoli a venire. Decenni prima era venuto meno anche il criterio guida offerto dall'utilità pratica della ricerca: è assai discutibile che ci sia praticamente utile conoscere una "teoria del tutto", visto che persino il Modello Standard non ha e non avrà per parecchio tempo applicazioni dirette. Infine, si è persa la riproducibilità dell'esperimento, visti i costi. Se un esperimento non è riproducibile, se non a distanza di decenni, come si può sostenere, nel frattempo, che le sue conclusioni sono universali e necessarie?

Gli stringhisti, forse perché memori dei giudizi sprezzanti espressi da Feynman e molti altri nei loro confronti, e dello scarso credito che la loro proposta riscuoteva "naturalmente" fuori del loro ambiente ristretto (cioè a meno delle forzature di cui si sarebbero serviti a poco a poco per imporre l'accettazione e la diffusione su larga scala), rivelarono e rivelano ancora oggi un inguaribile complesso di inferiorità nei confronti della teoria dei campi quantistici. Fin dall'inizio sostennero che la loro teoria fosse "oltre la teoria dei campi", (dopo *grand* e *super*, non poteva mancare l'*oltre*), quando invece rappresenta concettualmente un regresso di almeno 60 anni, perché cerca di nascondere, insabbiare o reinterpretare secondo criteri datati e sorpassati, pre-quantistici, o criteri assurdi come quelli estetici, tutti i progressi maggiori fatti dalla meccanica quantistica e dalla teoria dei campi, invece che promuoverli. La dualità, l'ADS/CFT e molte altre congetture furono presentate sostenendo che erano utili a ricavare risultati della teoria dei campi, a riprova del fatto che la teoria delle stringhe non può brillare di luce propria, ma unicamente di luce riflessa. Inoltre, gli stringhisti stanno cercando da anni di far passare surrettiziamente l'idea che la teoria dei campi sia una branchia della teoria delle stringhe, oppure che tra la teoria dei campi e la teoria delle stringhe non vi sia assoluta incompatibilità e contrapposizione, ma la seconda sia un'evoluzione tranquilla e pacifica della prima, in modo da poter ascrivere almeno parzialmente i successi della prima a merito della seconda. Per alimentare la loro propaganda, stanno perfino cospargendo le voci di Wikipedia relative alla meccanica quantistica e alla teoria dei campi di riferimenti gratuiti alla teoria delle stringhe. Non solo, in varie università si danno da fare per sostituire la terminologia "Dipartimento di Fisica Teorica" con "Dipartimento di Teoria delle Stringhe", oppure "String Theory Group", cercando di veicolare l'idea che tutta la fisica teorica sia figlia della grande madre, la teoria delle stringhe. La cosa è quanto mai comica, perché i teorici delle stringhe hanno soltanto una conoscenza superficiale della teoria dei campi quantistici, per cui non sono assolutamente credibili quando affermano che la loro proposta vada oltre quella, men che meno quando dicono che la teoria delle stringhe sia l'alveo in cui scorre tutta la fisica teorica. Tuttavia, se il loro piano riuscisse, gli studiosi delle prossime generazioni faranno una fatica enorme a dissotterrare l'informazione originale, pura, non inquinata, sulla teoria dei campi quantistici, per ripartire da là e fare vero progresso, ma saranno dirottati preventivamente sulla teoria delle stringhe, e così disorientati. C'è insomma il rischio che alle generazioni future passi il messaggio: vuoi studiare la teoria dei campi quantistici? Comincia dalla teoria delle stringhe, perché tanto la teoria dei campi è contenuta in quella e un suo limite. In questo modo la sepoltura della conoscenza acquisita finora sarà pressoché definitiva e le speranze di rivitalizzare questo settore scientifico praticamente morte.

Non c'è niente, nella storia della fisica e della scienza in generale, che rappresenti meglio la scienza stessa, la fisica in particolare, l'essenza profonda del metodo scientifico, i suoi successi e, allo stesso tempo, i suoi limiti invalicabili, che la teoria dei campi quantistici. La teoria delle stringhe, al contrario, rappresenta l'involuzione verso una fisica pre-galileiana.

La teoria dei campi quantistici si può senz'altro definire come il secondo *errore che funziona* del ventesimo secolo, dopo la meccanica quantistica, perché possiede tutte le caratteristiche che la rendono "indigesta" ai razionalisti. In particolare, essa è una teoria intrinsecamente *perturbativa*. Ciò vuol dire che essa è formulata come approssimazione successiva a partire dalla teoria banale, cioè la teoria libera, la teoria priva di qualunque interazione. Mentre in qualunque problema "classico", come pure in meccanica quantistica, si possono scrivere equazioni del moto esatte, e utilizzare il metodo delle approssimazioni successive quando è troppo difficile risolvere esattamente quelle equazioni, nella teoria dei campi quantistici le equazioni esatte non esistono, perché l'approssimazione successiva è l'essenza stessa della teoria, la sua stessa formulazione, almeno per quello che possiamo dire oggi. In altre parole, si tratta di approssimare senza nemmeno sapere *cosa* si sta approssimando, cioè di approssimare direttamente l'ignoto. Questa procedura porta al "problema degli infiniti": i termini dell'approssimazione, invece che essere piccole correzioni, sono infinitamente grandi. Invece che buttare la teoria dei campi quantistici nel cassonetto, come avrebbe fatto un teorico delle stringhe, schifato da cotanta ineleganza, i teorici dei campi non si persero d'animo. Così scoprirono che attraverso una procedura di *rinormalizzazione* è possibile rimuovere le divergenze con un trucco che si basa essenzialmente su opportune ridefinizioni di campi e parametri. Il trucco, però, funziona per pochissime famiglie di teorie, tra cui il Modello Standard. Quelle teorie sono dette *rinormalizzabili*. Non funziona per la gravità, dove il problema delle divergenze è ancora aperto. La rinormalizzazione ha conseguenze enormi sulla teoria, al punto che fa diventare deboli le interazioni forti ad alte energie. Molte sue conseguenze sono fisicamente testabili e confermate dagli esperimenti. Il bosone di Higgs fu introdotto per dare massa ai bosoni intermedi delle interazioni deboli, Z e W, come i risultati sperimentali richiedevano. Sarebbe possibile dare loro massa in tanti altri modi, che però rovinerebbero la rinormalizzabilità del Modello Standard. Postulare l'esistenza di questa misteriosa particella permetteva di ottenere lo stesso risultato preservando la rinormalizzabilità.

Approssimazione successiva come essenza stessa della formulazione della teoria, correzioni piccole che ad un certo punto sembrano infinitamente grandi, ma poi ridiventano infinitesime con una specie di gioco di prestigio, dopo aver ridefinito opportunamente i campi e i parametri: che direbbe un razionalista di una teoria con queste proprietà? più "errore che funziona" di questo... È un po' l'anello che non tiene che in realtà riesce a tenere. La frase in voga presso gli stringhisti per caricaturare la rinormalizzazione fu che essa equivale a "nascondere la spazzatura sotto il tappeto". La meccanica quantistica, allo stesso modo, veniva considerata da molti una teoria necessariamente provvisoria ed incompleta, perché, per usare le parole di Einstein, "Dio non gioca ai dadi". Questo tipo di giudizi, assai infondati dal punto di vista non solo scientifico, ma anche strettamente logico, sono assai comuni nell'ambiente razionalista. Sono anzi i fondamenti irrazionali dell'ideologia razionalista.

La richiesta di rinormalizzabilità riduce notevolmente l'insieme delle teorie accettabili e, allo stesso tempo, complica enormemente i problemi da risolvere per fare ulteriore progresso. Nonostante questo, si rivelò estremamente utile per costruire il Modello Standard e molte predizioni fisiche che ne conseguono trovarono conferma sperimentale. Le difficoltà che essa pone per andare avanti in quella direzione mal si adattano alle esigenze odierne di pubblicare spesso e in fretta, per cui una quindicina di anni fa, comunque molto tempo dopo le ultime predizioni di successo nella fisica delle alte energie, cominciò a farsi strada il "comune sentire" secondo il quale la rinormalizzabilità era stata soltanto una coincidenza e un abbaglio, o al più un fatto contingente e secondario. Essa fu progressivamente rimossa sia come criterio di selezione delle teorie, sia come argomento di ricerca in quanto tale. La realtà era, più semplicemente, che non permetteva di pubblicare facile. Questo dimostra che la comunità scientifica odierna opera scelte che sono dettate da pure e semplici "esigenze di mercato" e dunque scarta moltissimi argomenti di ricerca, di cui la rinormalizzazione è soltanto un esempio, in base a criteri che non sono puramente scientifici, anzi criteri che con la scienza non hanno nulla a che spartire. Ciò vuol dire che il messaggio che la natura ci stava dicendo fino al momento in cui ci ha fornito dei dati sperimentali potrebbe non essere mai più decodificato e finire perso per sempre. Ed è chiaro che se non capiamo quello che la natura stava cercando di dirci, non saremo mai in grado di concepire gli esperimenti giusti per permetterle di dirci qualcosa di nuovo.

Queste sono le vie del regresso imboccate dalla comunità scientifica. Come avevamo promesso, *è possibile* regredire, è possibile perdere conoscenza, non esistono garanzie contro questo rischio, nemmeno per chi dispone della conoscenza più avanzata mai raggiunta nella storia. Non l'avremmo mai creduto possibile, se non l'avessimo visto con in nostri occhi. Ma ora che lo abbiamo visto, non solo lo crediamo possibile, ma comprendiamo anche che si tratta di un eventualità molto, ma molto probabile.

A ulteriore dimostrazione di questi fatti, menzioniamo che l'involuzione ha già fatto non uno, ma ben due tentativi di aprirsi una breccia: quello della teoria delle stringhe, riuscito, è il secondo dei due. Il primo fu negli anni 1960, quando una frazione importante della comunità scientifica insistette oltre misura nell'esplorazione della cosiddetta *matrice S*, dove "S" sta per "scattering", che vuol dire "urto". Essa è la soluzione finale della teoria dei campi quantistici, che è in particolare una teoria degli urti, per esempio gli urti fra le particelle che si scontrano negli acceleratori. L'ideologia della matrice S era molto simile a quella della teoria delle stringhe. Si pretendeva di dedurre la soluzione della teoria, la matrice S per l'appunto, da puri e semplici argomenti di consistenza interna e matematica, saltando direttamente al risultato, quando invece la teoria dei campi quantistici costruisce la matrice S attraverso un percorso assai complicato, che in principio coinvolge la risommazione di infiniti termini. Furono scritti tantissimi libri sull'argomento "matrice S", ma non fu fatto alcun vero progresso, nel senso che quegli studi lasciarono poco o nulla ai posteri, e oggi sono dimenticati. La svolta si ebbe nei primi anni 1970, quando ci fu un "breakthrough" in teoria dei campi quantistici, una scoperta di importanza cruciale. In breve, una conseguenza della rinormalizzazione è che le costanti fisiche, come la carica elettrica dell'elettrone, non sono affatto costanti, ma dipendono dalla scala di energia del processo fisico osservato. Quello che si scoprì nei primi anni 1970 fu che le interazioni forti diventano deboli ad alte energie, cioè la costante fisica che le caratterizza diventa piccola, ciò che permette di trattarle usando la teoria delle perturbazioni e quindi fare tutta una serie di predizioni fisiche impensabili fino ad allora. Nulla di simile è possibile a energie più basse, dove le interazioni forti sono appunto "forti', cioè quella stessa costante fisica ha valori troppo grandi. La scoperta ridiede fiato al progresso per alcuni anni, e oscurò completamente la matrice S. Sfortunatamente, fu soltanto una parentesi. Nel frattempo, i problemi rimasti aperti in teoria dei campi quantistici diventarono sempre più difficili, per cui a un certo punto i progressi si arenarono e cominciò ad affermarsi la teoria delle stringhe. Man mano che l'entusiasmo per le nuove scoperte di teoria dei campi si affievoliva, le persone che si erano occupate di matrice S tornarono alla carica: molti tra i primi seguaci della teoria delle stringhe erano proprio persone che pochi anni prima avevano lavorato sulla matrice S. Quelle persone riproposero l'ideologia dell'autoconsistenza interna come guida per la ricerca senza esperimento. Anche oggi, o domani, un breakthrough come quello dei primi anni 1970 potrebbe cacciare via i crackpot da un giorno all'altro, ma le probabilità di fare una scoperta teorica di un'importanza paragonabile, nelle condizioni a cui ci siamo volontariamente ridotti, sono sempre più basse. Quindi, il declino è in parte un fatto oggettivo, dovuto alla sempre maggiore difficoltà di fare esperimenti nuovi in questo campo, ma è anche una conseguenza delle decisioni scriteriate prese da noi umani.

La storia della matrice S ci dimostra ancora una volta che la probabilità di imboccare la strada dell'involuzione è molto alta. Ci dice che il declino è sempre pronto ad agire, dietro l'angolo. Aspetta il suo momento, colpisce quando ci troviamo indifesi. Ci prova una prima volta e se non va bene si mette in attesa di un'altra occasione propizia. E così avanti, finché non la spunta. Non si può dire altrettanto del progresso: non ci aspetta dietro l'angolo, non si mette in attesa paziente finché siamo pronti, non aspetta i nostri comodi, e non ci prova tante volte se lo respingiamo.

Capitolo 4

Il Sistema

Verso l'uniformità planetaria

> *"Qui giace colui che ha fatto*
> *quello che avrebbe fatto*
> *qualcun altro al posto suo"*
> Another brick in the wall

Come abbiamo avuto modo di sottolineare, le tendenze della fisica teorica recente corrispondono a tendenze della società globale nel suo complesso. Spesso, anzi, sono in grado di anticipare le tendenze generali. Ciò è dovuto a vari fattori. È indubbio che lo sviluppo della nostra società negli ultimi secoli è stato pesantemente influenzato, per non dire trainato, dal progresso scientifico e tecnologico. L'evoluzione tecnologica e ingegneristica è stata trainata dai progressi della fisica e quelli a loro volta sono stati trainati in buona parte dalle conquiste della fisica fondamentale. Infine, da decenni nella fisica fondamentale la fisica teorica e la fisica sperimentale non sono più sullo stesso piano, ma la seconda è al traino della prima.

È tuttavia chiaro che una fisica teorica che pretende di procedere senza l'ausilio di nuovi dati sperimentali non può più svolgere alcuna funzione di traino. Così viene meno anche la sua funzione di traino sulla società nel suo complesso. Tuttavia, rimane ancora, anche se non si può prevedere per quanto e in fondo non è rilevante stabilirlo, una curiosa relazione tra le tendenze della fisica teorica e quelle della società, ultimo simulacro di un'influenza che in un passato non tanto lontano era molto più forte.

Parlerò spesso di "sistema" non in senso dispregiativo o per solleticare pulsioni "antisistema", ma per indicare indistintamente una serie di sovrastrutture che controllano e quindi sottomettono, la ricerca scientifica. Non si tratta di propensione a vedere complotti o alcunché di simile. Semplicemente è necessario utilizzare una parola convenzionale, e sistema è sicuramente la parola giusta, per indicare genericamente queste sovrastrutture, perché ormai non si può trascurare la loro presenza. A ben guardare, la loro invasività è capillare e la loro importanza e influenza sono debordanti. Sfortunatamente, non è più pensabile fare ricerca come la facevano Bombelli, Gauss, Eulero, Lagrange, Dini, Tonelli, Volterra, Fubini, Ricci, Bianchi e Levi-Civita. Persone spesso provenienti da famiglie benestanti che producevano le loro ricerche in quasi totale libertà, senza subire pressioni di alcun tipo, senza dover rendere conto a nessuno, senza doversi preoccupare di raccogliere consenso e citazioni, senza la necessità di stabilire relazioni personali o entrare in affollate collaborazioni, senza la necessità di pubblicare frequentemente e magari frettolosamente per mantenersi da vivere. In questo discorso non c'è nessuna nostalgia della "nobiltà", e non si vuol certo sostenere che la soluzione ai problemi sollevati sia un'improbabile ritorno alla società aristocratica. Nondimeno, l'alternativa che abbiamo costruito, una specie di "scienza di massa", è senza dubbio insoddisfacente. Anzi per certi versi, credere che un insieme di regole come quelle che ci siamo dati possa davvero funzionare a lungo termine e raggiungere lo scopo che si prefigge, nella scienza, è alquanto ingenuo, magari anche patetico, al punto che quando i posteri ci giudicheranno molto probabilmente rideranno di noi.

Cosa si cela dietro l'idea di sistema? Si tratta forse dell'organizzazione efficiente della società e dei suoi sottosettori, finalizzata a migliorare le condizioni di vita di tutti? Oppure si nasconde la creazione di caste, di sacche di privilegio, la legalizzazione dello sfruttamento sistematico degli uni sugli altri? Questi due estremi opposti sono separati da un passo molto breve. Tutto si gioca nei "tempi tecnici" e nei dettagli. In effetti, creare una struttura può essere uno dei modi più semplici per creare privilegi, perché per quanto la si voglia dinamica, il passaggio da un livello all'altro della struttura non può mai essere istantaneo, e quindi può essere usato per discriminare. Per esempio, esso può essere ritardato quanto si vuole e in modo discrezionale, recando nocumento agli uni e facilitando il compito di altri. Il problema è talmente serio e grave che ogni volta che si crea una struttura bisognerebbe monitorarla costantemente, e riservarsi la possibilità di agire prontamente per sanare ogni stortura, appena si manifesta. Per dare un'idea, pensiamo all'essere umano che cammina in posizione eretta: soltanto un controllo continuo, che fortunatamente con l'apprendimento diventa involontario, può permettergli di non accasciarsi al suolo ad ogni passo. La probabilità che una struttura non monitorata da controlli continui degeneri in una forma di sfruttamento non è per nulla trascurabile. Le modalità di funzionamento della struttura sono quasi tutte portate a favorire la sua evoluzione rapida verso un sistema di sfruttamento ed abuso. Soltanto un insieme ristrettissimo di oculate modalità di controllo può impedirlo. Il "buon funzionamento" della struttura è come una posizione di equilibrio instabile: senza "controlli" ogni piccola deviazione, dovuta magari alle inevitabili fluttuazioni statistiche, tende ad ampliarsi progressivamente. La direzione verso cui procede quella perturbazione determina chi è favorito, cioè il privilegiato, e chi è sfavorito, cioè lo sfruttato. Una volta che la perturbazione si è propagata e amplificata ritornare alla posizione di equilibrio è di difficoltà proibitive.

Ebbene, la ragione per cui si elevano strutture senza adeguati controlli per prevenirne adeguatamente gli abusi è di impiegarle come sistemi di sfruttamento, o *instrumentum regni*. Esse sono principalmente finalizzate a questo scopo. Alle volte non si può far finta di ignorare il problema del controllo continuo sulla struttura. Allora si cerca di eluderlo. Una maniera è quella di dotare la struttura di controlli fittizi, cioè ulteriori strutture che impediscano di agire nei tempi dovuti, ma per esempio entrino in funzione con un leggero ritardo. Basta un piccolo sfasamento sistematico dei tempi di reazione, facilmente giustificabile servendosi di pretesti che rimandano a "ragionevoli" difficoltà *tecniche* indipendenti dalla volontà di chi gestisce la struttura, per ottenere l'effetto sperato, cioè creare privilegi per gli uni, sfruttamento per gli altri. Nella nostra società le strutture che funzionano a questo modo sono così numerose che non ci facciamo più nemmeno caso. Basti pensare alle strutture interne ai partiti politici, che non sono richieste da nessuna legge o norma costituzionale, ma vengono solertemente create con l'unico scopo di chiudere l'accesso ai nuovi arrivati e salvaguardare i posti di chi è già dentro la struttura. Basti pensare alle infinite strutture burocratiche inutili, moderno strumento di dominio e di controllo.

Il sistema moderno è più efficiente di quelli passati, nel senso che non definisce le sue caste in base a requisiti di nascita, o almeno non lo fa esplicitamente. Infatti, può essere più solerte un servitore acquisito, proveniente da una famiglia sfruttata da generazioni, e per questo più propenso alla riconoscenza, che uno svogliato figlio di papà. Tuttavia, la promozione di nuove leve rimane comunque marginale. Nella maggior parte dei casi sono ancora i vantaggi di nascita o provenienza a fare la differenza, che rientrano dalla finestra grazie ai famosi dettagli tecnici. Lo sfruttamento degli uni sugli altri, dunque, è una proprietà vitale del sistema, spesso il cuore del suo stesso funzionamento. Gruppi di uomini di serie A che ricevono dalla vita e guadagnano più di quanto si sono meritati, e una marea di persone di serie B che ricevono meno di quanto si meritano. I primi si avvantaggiano del lavoro dei secondi, e se ne prendono il merito.

In fisica, per esempio, se uno studioso che non segue i mainstream ha una buona idea e su quella scrive un articolo interessante, sarà comunque discriminato, in quanto non omologato, e dunque circondato dall'indifferenza, ignorato. Il suo articolo sarà letto da pochi, la sua idea avrà poco seguito e l'autore non riceverà credito per quella. Successivamente, può verificarsi che un altro studioso, noto nell'ambiente per aver lavorato sui temi del mainstream, rubi quell'idea, per quanto già pubblicata. Fingendo di non conoscere la priorità dell'altro, la presenterà con varianti *ad hoc*, funzionali unicamente a pretendere che la sua proposta sia nuova e originale, e sarà subito circondato di attenzione, riceverà seguito e credito, mentre il contributo di chi ha avuto l'idea per primo, ma non abitava nel piano A dell'odierna Metropolis, continuerà ad essere ignorato. Anche questo, come si vede, è uno schema di sfruttamento degli uni sugli altri.

Per una serie di motivi, il sistema non riesce sempre ad allontanare chi non si adegua. Su alcuni, le sue tecniche, per quanto sofisticate, non riescono a produrre l'effetto sperato. Comunque non demorde, perché mette i pochi sopravvissuti nella condizione di dover lavorare a perdere, oppure lavorare involontariamente per lo stesso sistema che li sfrutta. Come detto, anche se uno di loro riesce a produrre un'idea brillante, quella gli viene rubata con relativamente poca fatica, senza che possa nemmeno difendersi. In questo modo i frutti del suo lavoro vanno a credito dei suoi avversari e finiscono per avvantaggiare loro. Nella fisica delle altre energie esistono esempi eclatanti di questo tipo, accaduti di recente, in cui, per coprire il furto, l'idea rubata è stata addirittura applicata in ambiti in cui non aveva nemmeno senso. Poco male: risonanza, credito e seguito. Sono tra gli esempi di "mainstream costruiti su idee manifestamente sbagliate", a cui abbiamo già accennato. Mode che portano ai loro promotori, come pure ai followers più solerti, centinaia di citazioni. In un sistema che fonda i suoi principali criteri di valutazione sul conteggio delle citazioni raccolte, queste sono come oro sonante, soldi contanti. E così possono passare parecchi mesi prima di veder apparire rari articoli che osano mettere in dubbio la consistenza e la sensatezza della proposta. Articoli prontamente accantonati: c'è bisogno di far finta di credere che la proposta possa funzionare, anche se non funziona, per continuare a pubblicare articoli facili, di basso prezzo, ma destinati ad essere citati molte volte. Passa qualche altro mese e spunta qualche nuovo articolo che confuta l'idea, ma niente, si va avanti lo stesso, finché la moda non decade spontaneamente, per progressiva mancanza di interesse. Intanto la discussione passa in giudicato e l'idea va a credito di chi l'ha rubata, per quanto l'abbia applicata nell'ambito in cui non aveva nemmeno senso. Il refrain è sempre il solito, "Anche se l'idea non si è rivelata corretta, essa ha stimolato un grande dibattito nella comunità scientifica..." Che dire: non merita forse un premio? Mentre chi ha avuto l'idea corretta, l'ha avuta per primo e l'ha applicata nel contesto giusto continua ad essere ignorato. La sua idea, evidentemente, non ha stimolato nulla, a parte il furto, e quindi non merita alcuna considerazione, men che meno un premio.

Il sistema propaganda quotidianamente la sua presunta tolleranza, ma funziona in base a criteri che di fatto selezionano chi mette in vendita la propria libertà. Non è nemmeno necessario minacciare esplicitamente conseguenze o rappresaglie: è il sistema stesso che mostra sulla pelle di chi rifiuta di adeguarsi le conseguenze di una tale scelta. In questo modo riesce a convincere il più alto numero di persone possibile a rassegnarsi e adeguarsi, sbarrando ogni strada e facendo credere che non ci siano alternative.

Occorre dire che un singolo individuo, se è sufficientemente agguerrito, può resistere e cavarsela anche bene, ma ciò che conta è che attorno a lui sarà fatta terra bruciata. Resterà solo, marginalizzato, senza forza lavoro, circondato da masse giubilanti per il "caro leader", fatte di individui che non valgono nulla, ma accolti nella struttura con tutti gli onori, che gli dicono: "ma tu di che ti lamenti, in fondo anche tu hai ottenuto il posto fisso, sei diventato associato, o addirittura ordinario", ecc. ecc. "Anzi", aggiungono, "devi ritenerti fortunato, perché tante altre persone come te hanno dovuto rinunciare o fermarsi molto prima." Certamente, se quel'individuo si limita a guardare al proprio particolare, nel senso della sua carriera personale, non avrebbe grandi motivi di cui lamentarsi. Ma se ha capito come funziona il sistema e contato quante persone in gamba come lui sono state fatte fuori per far posto a persone inadeguate, anche se è riuscito a cavarsela, non ha proprio nessun motivo per ritenersi fortunato, men che meno per essere grato ad un sistema che gli riserva un trattamento come quello che abbiamo descritto.

Oggi la competizione è fatta di compiti da svolgere assegnati dall'alto, su idee impartite e confezionate dal sistema, secondo le regole che abbiamo menzionato, e si svolge sul terreno stabilito dal sistema stesso: mettere in discussione le regole di fondo non è nemmeno concepibile. Chi ha idee diverse da quelle assegnate rimane dunque spiazzato: dovrebbe cimentarsi in una competizione decisa da altri, giocata in casa d'altri e arbitrata da altri, senza nemmeno essere interessato a fare quello che dovrebbe fare. In tal modo sacrificherebbe se stesso e i suoi interessi, butterebbe via gli anni migliori della sua vita e servirebbe involontariamente il sistema. Questo è il meccanismo attraverso cui la libertà di pensiero viene mortificata.

I criteri di valutazione e selezione

Cruciali per garantire il funzionamento del sistema sono i sistemi di reclutamento e i criteri di valutazione e selezione delle persone. Analizziamoli dettagliatamente.

I criteri possono variare da un'università all'altra, anche se poi di fatto le differenze non sono grandi. Possono essere adottati, come oggi in Italia, criteri standardizzati a livello nazionale. Si propongono principalmente di misurare la produttività di uno studioso e il consenso raccolto dalla sua ricerca, il suo seguito. Si possono riferire alla carriera individuale nel suo complesso, oppure a periodi recenti della stessa. Tra i criteri più importanti menzioniamo il numero di articoli pubblicati, in totale o di recente, il numero di citazioni raccolte, per articolo e in totale, il conteggio delle citazioni fatto escludendo le autocitazioni, l'*indice h* (uguale al numero h di articoli che hanno raccolto almeno h citazioni), che misura il seguito raccolto durante la carriera, l'indice h a decadimento temporale, che misura il seguito raccolto nella fase più recente della carriera, l'*impact factor* delle riviste su cui sono pubblicati gli articoli, a due o cinque anni. Esistono anche altre varianti meno diffuse che non è necessario menzionare qui.

L'impact factor è un indice che serve a valutare le riviste accademiche e consiste nel numero medio di citazioni raccolte dagli articoli pubblicati nella rivista in un certo numero di anni (di solito due, meno spesso cinque) successivi alla loro pubblicazione. Anche le riviste, dunque, non soltanto gli scienziati, sono valutate in base ad indici e rating.

Varie combinazioni di criteri come quelli elencati sono usate a tutti i livelli, per valutare le persone, la loro produzione, le riviste accademiche, le domande per finanziamenti a progetti di ricerca, le domande per posti all'università e a centri di ricerca, per borse di studio, ma anche per valutare le università stesse e i centri di ricerca. In molte università, dipartimenti e centri di ricerca si assumono soltanto persone che in base alla combinazione di criteri prescelta risultano migliori della media degli accademici che già lavorano in quelle strutture, per assicurarsi che le medie aumentino progressivamente nel tempo. In Italia si è generalizzata la procedura di valutazione a livello nazionale, cioè si sono fissati criteri, per ricercatori, associati e ordinari, e per settore disciplinare, validi su tutto il territorio nazionale, corrispondenti ai valori medi di certi indici totalizzati nelle varie categorie. I nuovi assunti devono avere ottenuto valori che superano quelle medie, in modo da alzare le medie nazionali progressivamente nel tempo.

Un ricercatore che voglia avere i requisiti per ottenere un posto fisso, o avanzare in carriera se ha già un posto fisso, deve programmare la sua ricerca futura con un buon decennio di anticipo, in modo da assicurarsi di pubblicare un numero sufficiente di articoli, che gli permettano di raccogliere abbastanza citazioni. La maniera più semplice per garantire quel risultato è seguire le mode, accodarsi ai temi dominanti. Qualunque altra scelta lo esporrebbe al rischio, invero molto alto, di rimanere fuori. Se poi si usano, come in Italia, dei criteri che decadono nel tempo, gli articoli scientifici che hanno ottenuto un gran numero di citazioni in passato contano sempre meno man mano che gli anni passano. Questo garantisce il perpetuarsi del ricatto. Quello no, non decade con il tempo, anzi si rinnova continuativamente. Pertanto, nemmeno una persona che ha ottenuto risultati estremamente importanti in passato può considerarsi libera, perché se vuole ottenere un avanzamento in carriera che rifletta adeguatamente i suoi meriti deve pianificare la ricerca presente e futura adeguandosi alle mode del momento. Siccome i requisiti sono stabiliti in modo da aumentare progressivamente nel tempo le medie di un'università o di un intero paese, lo scienziato è costantemente costretto a misurarsi contro la media di tutti gli altri, l'individuo contro la massa. Effettivamente, si tratta di una serie di forme di ricatto estremamente potenti. Ecco che vediamo affiorare un meccanismo che tende a livellare la società, e a lungo termine mira all'uniformità planetaria.

In definitiva, chi segue le linee guida, quindi si adegua a fare ricerca sui temi dei mainstream usando i metodi che usano tutti, viene premiato, con posti o avanzamenti di carriera, chiunque altro viene lasciato fuori o non avanza in carriera. Anche questo trasmette un messaggio chiaro: adeguatevi e seguite, altrimenti...

Notiamo che in nessuno dei criteri menzionati è richiesta la lettura degli articoli. Questo è l'aspetto più triste e rozzo dell'intero carrozzone. In nessun caso è richiesto di leggere gli articoli, valutarli per il loro contenuto. È contemplata soltanto una valutazione indiretta, tramite il consenso raccolto dagli articoli. Al massimo, il riferimento alla lettura degli articoli appare come richiesta opzionale che la commissione esaminatrice può prendere in considerazione o meno, a sua discrezione, o come dettaglio secondario e marginale inserito solo per mettere le mani avanti e parare eventuali obiezioni. In altre parole, lo si mette "per poter poi dire di avercelo messo", ma al lato pratico nulla garantisce che gli articoli siano effettivamente letti da qualcuno e valutati per il loro contenuto. Molto più spesso la possibilità di valutare gli articoli avendoli letti non è nemmeno contemplata.

Si dirà che non c'è abbastanza tempo per leggere tutti gli articoli scritti da tutti i candidati che si presentano ad un concorso. In realtà si chiede sempre al candidato di presentare una sottoselezione dei suoi articoli, contenente quelli che lui considera i migliori, per cui basterebbe concentrarsi su quelli. Un esperto in materia, poi, non ha bisogno di leggere un articolo dalla prima all'ultima riga per valutarne la qualità. Anzi, spesso gli basta uno sguardo d'insieme e la lettura dei passaggi cruciali per cogliere l'idea proposta e capirne il valore. Certo, per ottenere questo risultato così facilmente occorre l'esperto giusto a portata di mano, cosa praticamente impossibile da ottenere per tutti i domini di ricerca da coprire, quando si fa un concorso o una procedura di valutazione. Esistono comunque procedure per facilitare la consultazione di esperti per tempo, oppure si possono fare concorsi più mirati. Di proposte alternative discuteremo in seguito. Il punto che vogliamo sottolineare qui è che il sistema attuale scarta a priori ogni sistema di valutazione che si basi sulla lettura degli articoli e la considerazione del loro contenuto.

In quasi tutte le fasi della propria carriera lo studioso è soggetto a una qualche forma di ricatto. All'inizio se non ha un posto fisso, ma anche una volta ottenuto il posto fisso, è ricattato nel caso voglia avanzare in carriera, guadagnare di più per vedere riconosciuti i suoi meriti anche in questo modo, oppure attrarre finanziamenti per sviluppare la propria ricerca, andare a conferenze, invitare altri studiosi per veicolare lo scambio e la diffusione delle sue idee. In definitiva, se uno studioso vuole restare libero lo può fare soltanto per libera scelta, consapevole del prezzo da pagare, cioè fare ricerca isolato e senza finanziamenti. Se decide di resistere alle pressioni esercitate affinché si adatti al sistema, affrontando i disincentivi e le penalizzazioni per la scelta fatta, finisce per lavorare per chi? Magari per se stesso, magari per i cosiddetti posteri, alienato da una comunità scientifica diventata sorda. Più spesso lavora indirettamente per il sistema, che, come abbiamo visto, trova sempre dei modi per sfruttarlo.

Nel turbinio della vita moderna fermarsi a riflettere è controproducente. Una pubblicazione scientifica in fisica teorica può richiedere mesi. Non la scrittura dell'articolo in sé, ma il lavoro di ricerca necessario per arrivare ai risultati. Disporre di problemi alternativi, tipo argomenti di ricerca-surrogato, su cui concentrarsi per produrre pubblicazioni in maggior numero, soprattutto pubblicazioni che possano incontrare maggior consenso e raccogliere più citazioni, può tornare molto comodo. Anzi, rappresenta una tentazione a cui pochi possono resistere. Infatti resistervi vuol dire permettere a qualcuno più spregiudicato di pubblicare una serie di articoli magari di minor pregio dei nostri, ma con una frequenza maggiore, scalzandoci in qualunque concorso o domanda di finanziamento per progetti di ricerca. Avere il posto fisso non basta, perché le forme di ricatto continuano. Il posto fisso non garantisce finanziamenti ai progetti di ricerca, per esempio. E poi anche l'avanzamento di carriera è soggetto ai criteri di valutazione e agli "standard internazionali" elencati sopra.

Confrontiamo i criteri di valutazione impiegati in ambiente scientifico, con i criteri impiegati in altri contesti. Per fare mente locale, si pensi un attimo alle Olimpiadi: numerose discipline sportive, svariate competizioni, un sistema di regole eque e uguali per tutti, quasi sempre basate su misurazioni oggettive di tempi (anche se in qualche caso si ricorre a decisioni soggettive di giurati). Ciascuno è libero di scegliere la sua competizione preferita e cimentarsi con gli altri per stabilire chi è il migliore. Già, le Olimpiadi: quale esempio migliore di competizione sana e corretta?

Molti ricercatori lasciano l'Italia, per necessità o propria scelta, per andare all'estero, soprattutto negli Stati Uniti. Spesso tessono le lodi di quel paese per le opportunità offerte, che danno a chiunque la possibilità di farsi strada, anche partendo da zero, sia nella scienza che nel mercato. Consideriamo quindi il criterio del mercato. Nel mercato è indubbiamente vero che il sistema americano offre le migliori possibilità. Occorre però sottolineare che il criterio di merito su cui si fonda la competizione e la meritocrazia in un mercato libero è un criterio "naturale" e oggettivo. Ha successo chi propone un prodotto che vende bene e permette alti guadagni. Più il mercato è libero e meno quel criterio è artificiale, cioè meno condizionato dalle decisioni soggettive della società o della politica. Un risultato come quello è ottenibile riducendo le regole e la burocrazia al minimo indispensabile.

Nella scienza, invece, il criterio naturale è fornito unicamente dall'accordo tra predizioni teoriche e risultati sperimentali. Quando i secondi latitano qualunque criterio soggettivo si possa immaginare per rimpiazzare quello naturale è un azzardo che nella maggior parte dei casi porta a conseguenze irreparabili. Soprattutto, non è possibile importare nella scienza criteri che funzionano altrove, come il criterio del mercato, oppure il criterio delle Olimpiadi. Oggi invece ci troviamo proprio a vivere in una situazione in cui nella scienza sono stati trapiantati criteri che funzionano bene altrove, ma che sulla scienza hanno effetti devastanti.

Nel caso delle Olimpiadi le gare sono stabilite a priori: sono quelle che sono, punto. L'atleta può soltanto scegliere la gara in cui cimentarsi tra una lista di gare preconfezionata, e poi concentrarsi unicamente nel dare il massimo e riuscire a fare meglio degli altri: correre i 100 metri, i 200 metri, saltare in alto, in lungo, nuotare a rana, ecc. In ciascuna gara gli atleti competono tra di loro *per fare la stessa cosa che fa chiunque di loro*. Non possono decidere cosa fare, possono solo decidere *come* fare quello che è già stabilito che facciano. Non esistono competizioni per evolvere le gare, scrivere le regole migliori, o inventare e sperimentare gare nuove. D'altra parte, competizioni di questo tipo non sarebbero granché utili, né interessanti. Non c'è nulla, nelle gare olimpiche, o nelle Olimpiadi nel loro complesso, di affine all'esplorazione dell'ignoto, di analogo alla ricerca scientifica. Tuttavia, l'idea che il criterio olimpico possa funzionare anche nella scienza è molto diffusa, anche se non sempre a livello consapevole, al punto che i criteri di valutazione adottati oggi (numero citazioni, impact factor, ecc.) servono proprio a definiscono le "gare" e le regole della "competizione olimpica in ambito scientifico".

Nell'esplorazione dell'ignoto nulla è stabilito a priori. Se per sventura si fissano in anticipo le competizioni e le loro regole, come è stato fatto nella scienza degli ultimi vent'anni, si guida la ricerca verso l'esplorazione ripetitiva e monotona di ciò che è già noto e stranoto, per cui la produzione scientifica finisce per essere un'interminabile rimuginare su cose conosciute, con tantissime variazioni sul tema, qualche novità di piccolo taglio, ma nessun progresso vero. Per questo motivo il criterio olimpico non può essere importato in ambito scientifico senza fare danni irreparabili. A ben guardare, lo schema delle Olimpiadi è il più pernicioso di tutti, perché è lo schema che meglio si adatta all'uniformizzazione del pensiero scientifico, e alla sua schiavizzazione.

Per certi versi anche il criterio meritocratico che funziona nel mercato libero è stato importato in ambito scientifico. Infatti la ricerca del consenso sotto forma di citazioni, consenso peraltro indipendente dalla validità intrinseca dell'articolo scientifico, è un po' come la ricerca di acquirenti per il proprio prodotto. Nel mercato un prodotto di successo è un prodotto che vende, in ambito scientifico un articolo di successo è un articolo che diventa *trendy*, di moda, anche se magari contiene proposte inconsistenti o già superate. In questo, la progressiva perdita di conoscenza risulta funzionale alla riproposizione di idee già dimostratesi fallaci, permette anche a idee clamorosamente sbagliate di raccogliere un seguito notevole, e magari ai loro autori di essere ricoperti di premi e riconoscimenti. Come abbiamo più volte spiegato, il meccanismo fa sì che un articolo possa diventare di successo anche senza essere letto, oppure senza essere letto a fondo, oppure se viene letto in fretta o da persone che hanno conoscenze approssimative della materia. In definitiva, è puerile ragionare in ambito scientifico come si ragiona nel mercato, eppure oggi nella scienza non si riesce a fare di meglio.

Addirittura, tra i tanti requisiti da soddisfare per avanzare in carriera o per ottenere un posto si fa sempre più spesso menzione esplicita della "capacità di attrarre finanziamenti". Una tale capacità sarebbe, secondo un numero sempre più grande di persone e istituzioni quali università e centri di ricerca, un indice di qualità della produzione scientifica. Siamo dunque in presenza di una contaminazione ormai invasiva della scienza con logiche che nulla hanno a che fare con la scienza.

Se vogliamo immaginare un'adeguata epigrafe da scrivere sulla tomba dell'uomo ben inserito nel sistema, dobbiamo immaginarla così: "Qui giace colui che ha fatto quello che avrebbe fatto qualcun altro al posto suo". È l'aspetto più triste della competizione artificiale del sistema. Quando si balla, si fanno tutti le stesse mosse. Non c'è bisogno di pensare, *optional* ormai caduto in disuso. C'è già un sistema che pensa al posto nostro. E non c'è bisogno di leggere gli articoli per valutarne il contenuto.

Ci sono persone che si possono ben adattare ai criteri artificiali del sistema, ci sono persone che vi si adattano molto male. Queste ultime non potranno che soccombere, in una competizione prolungata che si basa su quei criteri. Pertanto i criteri suddetti fungono alla fine da "criteri di selezione degli uomini", una delle "conquiste" più tristi e nefaste della società moderna.

Durante la sua esistenza, l'Unione Sovietica contribuì notevolmente al progresso della fisica teorica. Consultando colleghi provenienti dal blocco dei paesi dell'est si scopre che in quell'area i criteri di valutazione ai fini del reclutamento spesso non tenevano in alcun conto del numero di citazioni raccolte, e nemmeno dei lavori pubblicati. Invece, i concorsi universitari consistevano in prove scritte estremamente impegnative, in cui i candidati venivano posti di fronte a problemi dello stesso livello dei problemi di ricerca, con il compito di "fare quello che riuscivano a fare", in modo da testare le loro capacità creative. Per dare un'idea della difficoltà della prova, un candidato che avesse risolto esaurientemente uno di quei problemi avrebbe potuto, il giorno dopo, inviare la soluzione ad un giornale internazionale, per la pubblicazione del relativo articolo. Chiaramente, ai commissari d'esame bastava di meno, per poter confrontare le capacità dei candidati e valutarli. Inoltre, i posti a disposizione erano pochissimi, ma a quei tempi anche i candidati erano pochi. Non era una scienza di massa, e quindi non era ancora frastornata a stordita dal rumore assordante di fondo, e non aveva ancora ritagliato i propri criteri di valutazione sulla necessità di governare la massa, invece che organizzare la scienza.

È chiaro che una comunità scientifica non può resistere a lungo se la popolarità diventa metro di giudizio principale per valutare la qualità della produzione scientifica. A lungo andare gli argomenti che diventano più popolari sono di qualità sempre più scadente, per cui il criterio del consenso finisce per scartare tutti gli argomenti di ricerca che potrebbero essere cruciali per fare progresso, invece che promuoverli. D'altra parte, non si vede proprio che nesso logico ci possa essere tra la popolarità e la qualità di un lavoro scientifico. Sicuramente in un ambiente scientifico come quello odierno, per le ragioni che abbiamo ampiamente spiegato, la popolarità di un articolo fa pensare a tutto tranne che il suo contenuto sia di qualità.

Per quanto chiare ed ovvie siano queste considerazioni, dal punto di vista logico, esse godono di poco seguito presso la comunità scientifica, perché è una comunità di persone selezionate in base agli stessi criteri da mettere in discussione. Criteri grazie ai quali quelle persone hanno ottenuto finanziamenti, posti e premi, scalzando gli altri. Coloro che la pensano diversamente sono per forza di cose una minoranza risibile, condannata alla marginalità, e talvolta trattata dalla maggioranza uniforme con atteggiamenti di falsa comprensione e sufficienza. Quella sparuta minoranza non è in condizioni di fare nulla, al massimo mettersi a combattere contro i mulini a vento...

I criteri di selezione permettono di selezionare le persone in base alla loro predisposizione al conformismo. Persone che hanno una preparazione meno articolata e visioni più ottuse, ma orientate nelle direzioni preferite dal sistema, sono di gran lunga preferite a persone che hanno esperienza in vari settori di ricerca, quindi dotate di una mentalità aperta e flessibile, e per questo meno controllabile. In particolare, la comunità dei teorici delle stringhe per molti versi si qualificava come una vera e propria setta, e un giovane che volesse occuparsi di teoria delle stringhe ma avesse un background di conoscenze ampio in campi affini, come la teoria dei campi quantistici e la fenomenologia, è sempre stato visto con grande sospetto. Il risultato fu che la teoria dei campi quantistici fu quasi condannata all'estinzione, e furbescamente "reinterpretata" come sottosettore della teoria delle stringhe, e la fenomenologia fu praticamente sottomessa alla stessa teoria delle stringhe.

Per un attimo, spostiamoci ora dalla fisica teorica delle alte energie a domini limitrofi e affini, come la fisica matematica. Là la produzione individuale è di tipo completamente diverso, perché gli studiosi pubblicano molti meno articoli, raccolgono molte meno citazioni, le collaborazioni sono meno frequenti e meno numerose. I criteri oggettivi o "ragionieristici" di cui abbiamo parlato hanno dunque un peso minore. Per valutare la produzione di una persona è consuetudine leggere le sue pubblicazioni principali. Si badi bene: di per sé nemmeno questa è una garanzia sufficiente di correttezza, perché le gelosie personali si trovano ovunque e un esperto non è necessariamente una persona onesta e corretta, anzi è un essere umano come tutti gli altri, quindi difficilmente resiste alla tentazione di danneggiare un avversario e favorire se stesso e i propri amici, qualora ne abbia la possibilità. Tuttavia, la lettura degli articoli da parte di persone esperte non richiede un grande sforzo (un vero esperto è in grado di cogliere il senso e il valore di un articolo appena lo sfoglia) ed è sicuramente necessaria, anche se non sufficiente, per sperare di arrivare ad una valutazione corretta, non soltanto nel senso di una valutazione giusta, ma anche e soprattutto nel senso di contribuire in modo efficiente al progresso del dominio di ricerca nel suo complesso, invece che spingerlo al regresso.

Questi settori, come la fisica matematica, seppur non immuni dai loro problemi, non sono ancora stati sottomessi all'ideologia del pensiero unico e forse saranno risparmiati, visto che coinvolgono molte meno persone. Non si sostiene qui che i criteri adottati in quei settori siano i migliori e debbano essere esportanti nelle altre discipline scientifiche. Solamente evidenziare ancora una volta, per contrasto, le proprietà dei criteri ragionieristici. Soprattutto, il confronto con criteri diversi usati in altre discipline o in particolari paesi e contesti storici serve a sottolineare che gli standard usati oggi non sono affatto una necessità. Infine, va detto che in questo momento non conosciamo criteri alternativi adeguati, anche perché sarebbe necessario un lungo lavoro di esplorazione e sperimentazione per trovarli e abbiamo da tempo rinunciato a questa ricerca dando per scontato che i criteri usati oggi siano funzionali. Sulle strade da percorrere per uscire dalla situazione presente e proposte per ridare fiato al progresso ci concentreremo in seguito.

Si noti che non è il carattere "ragionieristico" in quanto tale dei criteri, cioè la loro oggettività, a produrre necessariamente le conseguenze nefaste di cui abbiamo parlato. Anzi, un insieme di criteri oggettivi può essere spesso preferibile alle valutazioni soggettive di commissioni delle quali non si possa garantire che abbiamo la competenza per giudicare e comparare i lavori scientifici, oppure assicurare che prendano il loro lavoro sufficientemente sul serio invece che accomodarsi su soluzioni sbrigative. Esistono criteri ragionieristici di pregevole fattura, che riducono notevolmente l'impatto negativo sulla ricerca. Si basano anche sul conteggio delle pubblicazioni, ma hanno un tetto massimo ragionevole. Un criterio come questo non premia di più chi pubblica di più e quindi non spinge la gente a una corsa sfrenata alla pubblicazione di scarsa qualità. Semplicemente, si propone di verificare che lo studioso sia sufficientemente attivo. Accanto a questo, invece che contare le citazioni e l'impact factor del lavoro in quanto tale, si va a vedere l'impact factor della rivista su cui l'articolo è stato pubblicato. In questo modo si verifica se il lavoro è stato apprezzato da una rivista di pregio o meno, ma non si spingono gli autori alla corsa forsennata a racimolare citazioni. Infine, un altro accorgimento è quello di contare le pubblicazioni a molti autori non come 1, ma come un'opportuna frazione che dipende dal numero degli autori. In questo modo non si penalizza chi fa ricerca individuale, e non si spinge la gente a collaborare ad ogni costo. Se la produzione di una persona soddisfa questi criteri minimi, si passa ad esaminare attentamente gli articoli principali della sua produzione scientifica, completa o recente, leggendo e valutando le sue pubblicazioni principali.

Tuttavia, criteri come questi sono adottati raramente, e nella valutazione nazionale a professore associato e ordinario, in Italia, si è intrapresa tutt'altra strada. Come abbiamo spiegato sopra, nelle procedure di abilitazione scientifica, i criteri e i parametri sono fissati appunto a livello nazionale, raggruppando i candidati in settori disciplinari che contengono comunque gruppi eterogenei non paragonabili tra loro, cioè gruppi che per forza di cose pubblicano con frequenza diversa, raccolgono tipicamente quantità ben diverse di citazioni gli uni dagli altri, eppure vengono valutati secondo gli stessi parametri. Si tratta della solita tendenza italiana a cercare la "soluzione generale" e universale di un problema, e insistervi per quanto complicata e impraticabile sia, oppure sostituirvi scorciatoie assai discutibili, ma rifiutando in tutte le forme possibili la responsabilitá individuale, dei commissari come degli atenei, per cui tutto deve essere stabilito e previsto dalle leggi, e il funzionario pubblico deve essere unicamente un esecutore delle disposizioni stabilite in quelle. Il suo unico pensiero deve essere quello di applicare le leggi, pedantemente, pedissequamente e cavillosamente, perché se non lo fa può essere chiamato lui stesso a risponderne. In ogni caso mai e poi mai gli viene affidato un compito di responsabilità, che comporta anche un'inevitabile discrezionalità. Soltanto ai giudici vengono affidati compiti di ampia responsabilità e discrezionalità, e infatti a loro occorre inevitabilmente rivolgersi per risolvere anche i minimi contenziosi, visto che nessun altra figura intermedia ha responsabilità e discrezionalità sufficienti. Tanto basta probabilmente per annullare le involontarie virtù di un sistema, il nostro, che per una serie complessa di fattori era rimasto immune dalla dittatura degli standard internazionali per un tempo superiore a quello di tutti gli altri paesi, ma che oggi a causa delle scelte recenti sta virando velocemente verso la direzione comune planetaria. Non si dica "per non restare indietro", perché la direzione comune non è certamente una direzione "in avanti". Si dica piuttosto "per non restare soli", per paura della solitudine, per paura di rimanere in fondo alle statistiche stilate coi criteri degli altri, senza nemmeno soffermarsi un attimo a chiedersi se quei criteri abbiano uno straccio di senso.

Può un paese di medie dimensioni, per esempio l'Italia, dotarsi di criteri di valutazione che non siano in linea con i cosiddetti standard internazionali? Certo che no, si dirà. Evidentemente non si riesce davvero a capire che questo porta ad un pericolosissimo conformismo che arreca danni irreparabili alla scienza, fino a fermare il progresso e a imboccare la svolta ad U verso l'involuzione. Davvero ben figurare nelle statistiche compilate coi criteri degli altri è così importante? Al punto da mettere a rischio la libertà scientifica?

Come se al posto del sistema globale planetario non fosse possibile sostituire un pianeta in cui ciascuno, per esempio ciascun paese, se non ciascun istituto universitario o di ricerca, ha una propria individualità e personalità, che non sia ridotta a macchietta o bandiera da sventolare alle Olimpiadi, e fa proposte sue in base alla propria vitalità e creatività. Un sistema in cui chi deve fare uso di proposte altrui spende il tempo necessario a giudicarle per quello che lui personalmente ritiene che valgano, invece che guardare una tabella di rating, e legge l'articolo che intende usare invece di spulciare tra la lista delle sue citazioni.

Vista l'importanza sempre maggiore che la Cina sta assumendo nel mondo, non solo sul piano economico ma oggi anche nella scienza e nella tecnica, vale la pena soffermarsi un attimo sulla situazione della scienza in quel paese. In Cina è stato importato il sistema americano, che ora è applicato fino alle estreme conseguenze. Un accademico deve pubblicare molto frequentemente, più che negli altri paesi, e ottenere numerose citazioni. In molte università cinesi ogni pubblicazione porta a un ben definito incremento di stipendio e ogni certo ammontare di citazioni raccolte porta ad un altro incremento di stipendio. Un fisico teorico formale delle alte energie deve pubblicare 7-8, meglio 10 articoli all'anno, quando in Italia ne possono bastare 2 o 3. In Cina chi non raggiunge quegli obiettivi rischia di non ottenere *grant*, che sono i finanziamenti individuali con i quali si possono bandire borse post-dottorali per attrarre giovani che si uniscano al gruppo di ricerca per lavorare sulle idee proposte dal titolare del grant. Con i grant si possono coprire spese di viaggio per andare a conferenze, e spese di altro tipo, come l'acquisto di computer. In più i *grants* servono ad incrementare il proprio stipendio, tipicamente raddoppiarlo rispetto allo stipendio-base, che è abbastanza basso. Chi non ottiene grant regolarmente, quindi, finisce per essere marginalizzato, perché ha uno stipendio effettivo molto basso e non ha finanziamenti per attrarre persone che lo aiutino a fare ricerca sugli argomenti che gli interessano. Una volta perso un grant, diminuisce anche la probabilità di ottenerne in futuro, perché si è costretti a fare ricerca con finanziamenti più scarsi e a impiegare più tempo nella didattica. Sotto vari aspetti, il sistema cinese è un'estremizzazione di quello occidentale, ma si basa comunque sugli stessi principi.

Una comunità scientifica che pretende di procedere senza il supporto di dati sperimentali si trova inevitabilmente ad affrontare problemi come: chi decide cosa è interessante esplorare e cosa no? a quali linee di ricerca va data la priorità, quali vanno percorse comunque, ma con meno entusiasmo, e quali vanno scartate? Quando i dati sperimentali abbondano il criterio di giudizio è l'aderenza tra le predizioni teoriche e i risultati sperimentali. In quel caso le possibilità di barare sono molto ridotte, perché la natura funge da giudice esterno ed imparziale. Diventa difficile per gruppi di potere e gruppi di pressione spingere affinché siano privilegiate linee di ricerca smentite più o meno clamorosamente dai dati sperimentali. Se invece gli esperimenti sono scarsi o sporadici, al criterio naturale vengono sostituiti a poco a poco criteri "umani". Se l'uomo mette se stesso al centro, al posto della natura, il criterio naturale viene per forza sostituito da un criterio di giudizio fondato sull'autorità, sul consenso, o su tutti e due. Quando vale il criterio del consenso, uno dei metodi più spicci per avvantaggiarsi rispetto agli altri è quello di "fare gruppo". Tuttavia, privilegiare un'affermazione "scientifica" soltanto perché a sottoscriverla sono più persone è soltanto un criterio arbitrario come un altro, privo di qualunque fondamento logico o scientifico.

Per evitare tutte le storture descritte qui dovrebbero essere prese molte precauzioni, attentamente studiate per raggiungere lo scopo. Occorrerebbe mantenere un equilibrio tale da permettere una sufficiente libertà, in modo che gli scienziati possano decidere liberamente cosa esplorare e cosa no. Ma la società contemporanea non è preparata a tanto. La libertà individuale cozza, o la si fa cozzare, contro la necessità di valutare il merito. Introdotto il merito si ha un buon motivo per introdurre un criterio di merito, e lo si vuole universale e fissato a priori. La richiesta di universalità, però, pone delle grosse difficoltà, perché persone diverse potrebbero esprimere giudizi molto diversi sullo stesso lavoro scientifico, se ne valutassero il contenuto dopo averlo letto. Per "esigenze tecniche", dunque, il criterio di giudizio universale diventa il consenso. Se le decisioni sulla linea di ricerca da intraprendere sono prese con metodi come questi si può facilmente intuire quale sia la probabilità di azzeccare l'accordo con la natura.

La comunità scientifica come social network

Raramente, i criteri di valutazione tengono conto del numero di autori di un articolo. Per esempio, se un articolo di quattro autori riceve X citazioni, sono contate X citazioni per ciascuno dei loro autori, non una frazione corrispondente, tipo $X/4$, $1/\sqrt{X}$, eccetera. Per questo e altri motivi è molto conveniente farsi una rete di amici, entrare a far parte di collaborazioni numerose, col risultato che anche nella fisica teorica più formale, dove la collaborazione a più autori non è strettamente necessaria, ormai gli articoli scritti da un singolo autore sono sempre più rari, mentre gli articoli scritti in collaborazione sono diventati la regola. Chiaramente, un articolo scritto in collaborazione sarà preso in considerazione almeno dagli amici dei suoi autori, quindi un numero maggiore di autori vuol dire un numero maggiore di amici, e porta un numero maggiore di citazioni.

Il sistema e il suoi criteri di valutazione spingono dunque a collaborare per raccogliere più citazioni. Incentivano anche ad entrare a far parte del *giro giusto*. Se torniamo indietro nel tempo a riconsiderare il passato, scopriremo una situazione diametralmente opposta. Ai tempi di Galileo, Newton, Eulero, Lagrange, Gauss, Einstein, Fermi,... i lavori in collaborazione erano rari, o completamente assenti, o coinvolgevano due persone al massimo. Di norma si scrivevano libri o articoli individualmente, o con i propri studenti, molto più raramente partecipando a collaborazioni vere e proprie. Oggi un autore che fa ricerca sul problema che lui, sfruttando le sue doti personali di discernimento, ritiene importante per il progresso scientifico, e quindi pubblica lavori ad autore singolo, o al massimo in collaborazione con i suoi studenti, è penalizzato. I lavori ad autore singolo sono ormai una rarità.

Di per sé l'induzione alla collaborazione non è necessariamente un aspetto negativo. Tuttavia, occorre dire che nella collaborazione ciascuno dà un contributo parziale al lavoro e spesso non riesce nemmeno a farsi una visione d'insieme dei risultati ottenuti, della motivazione per cui lo studio è stato intrapreso, delle argomentazioni a favore delle idee proposte, del filo logico generale, e così via. Frequentemente, quando si chiedono spiegazioni ad uno dei co-autori di un articolo scritto in collaborazione sui mainstream della teoria delle stringhe si ricevono risposte lacunose e insufficienti. Esse rivelano che il co-autore ha curato una parte definita del lavoro e si è fermato là: non è nemmeno in grado di ripercorrere il filo logico, ammesso che ci sia, che lega le varie parti dell'articolo tra loro. Anche per questo motivo è possibile, oggi, insistere a lungo su idee e proposte completamente inconsistenti o erronee. In principio, si sarebbe portati a pensare che la presenza di più collaboratori metta al riparo dal rischio di perseguire strade sbagliate, ma non è così, perché, visti i tempi ristretti nei quali occorre finire un lavoro (per "competere" e non restare indietro rispetto agli altri), la collaborazione è un puro e semplice raggruppamento di persone con interessi e competenze complementari, funzionale alla produzione del dato articolo. Alla fine il lavoro risulta poco più che un *cut-and-paste*, un taglia-incolla. Solo uno dei co-autori, di solito, si occupa del filo logico generale, e gli altri si *fidano* di lui.

L'incentivo alla collaborazione, alla scrittura di articoli a più mani, ha una grande importanza nel nostro discorso, perché ci aiuta a focalizzare meglio la situazione, a capire che ormai la comunità scientifica non è altro che *un social network*. Vediamo più dettagliatamente in che senso.

Come sappiamo, gli articoli vengono pubblicati quasi istantaneamente, nel senso che appena terminati sono mandati al sito arvix.org e il loro contenuto diventa disponibile a tutti il giorno successivo. L'avvento di internet non ha avuto soltanto effetti positivi. Anzi possiamo dire che gli effetti negativi sono stati senz'altro superiori. Oggi i ricercatori accedono quotidianamente ad arxiv.org e quindi hanno la percezione in tempo reale di quel che fa moda a livello planetario. Questo spiega la risonanza oltre misura che possono riscuotere articoli contenenti proposte grossolanamente erronee o gratuite. La pubblicazione scientifica è diventata ormai materiale di consumo, da impiegare per qualche mese o un paio di anni per costruirci sopra una moda, un motivo di aggregazione sociale, scambiarsi reciprocamente tanti "like" stile facebook, cioè tante citazioni, e poi buttare la cosa quando non serve più. Il punto fondamentale è che chi "fa scienza" in questo modo si avvantaggia enormemente rispetto a chi non fa altrettanto, per via dei criteri di selezione che abbiamo menzionato, e chi lo fa di più si avvantaggia considerevolmente rispetto a chi lo fa di meno, nella ricerca di posti all'università e finanziamenti.

Come abbiamo già avuto modo di sottolineare, le pubblicazioni sugli argomenti di mainstream sono garantite e accolte con speditezza. Ciò finisce per incoraggiare gli altri ricercatori a lavorare sugli stessi argomenti, invece che cercare l'originalità. Quando dunque si affaccia all'orizzonte un nuovo mainstream, che di solito prende avvio da qualche articolo particolarmente "impressive", anche se la sua rilevanza per la fisica è assai discutibile, si ha una rapida evoluzione verso una situazione in cui un gran numero di studiosi sparsi per il mondo si occupa dello stesso argomento nello stesso momento. L'apparire simultaneo su arxiv.org di molti articoli su quell'argomento sancisce e comunica a tutti la sua promozione a moda planetaria. Ciò succede anche quando l'articolo contiene argomentazioni manifestamente fallaci, perché tanto i controlli e autocontrolli sono così labili che nessuno può fermare un gruppo di persone che voglia imbastire una moda su un articolo di quel tipo, come su un articolo *qualunque*.

L'apparire giornaliero degli articoli scientifici su internet, sul sito arxiv.org, nello stesso momento in pratica in cui vengono terminati dai loro autori, fornisce al ricercatore un'idea costantemente aggiornata di "quello che si sta facendo sul pianeta". Permette ai più spregiudicati, ormai la stragrande maggioranza, di capire cosa può diventare trendy e accodarvisi all'istante, sicuri in questo modo di aumentare a dismisura le proprie chance di raccogliere citazioni, e dunque di avvantaggiarsi enormemente rispetto a chi non fa altrettanto.

Si finisce per fare tutti le stesse cose, per quanto vaghe, discutibili, inutili o sbagliate possano essere. A chi giova? E qual è il senso di tutto ciò? A colmare questa apparente lacuna è il concetto di *sistema*, che nella *competizione* ha uno dei suoi pilastri fondamentali. La competizione è, appunto, la gara che impegna gli individui a realizzare, meglio e prima degli altri, la stessa identica cosa che stanno cercando di realizzare gli altri. Quasi mai scelta da loro, quasi sempre calata dall'alto o proposta/imposta da altri. Per forza di cose l'attenzione degli studiosi è rivolta principalmente a cercare di capire "quello che c'è da fare", più che a sviluppare idee nuove, in modo da trovarsi pronti al momento opportuno.

Pochissime persone sono nella condizione di poter sviluppare idee proprie. Tra queste, per esempio, stanno coloro che danno avvio ai mainstream, i quali, però, per un tipo di interesse personale che li riguarda da vicino, lungi dall'essere liberi, sono portati, anche loro, a cercare "ciò che può diventare mainstream", quindi cercare l'"impressive" più che l'originale. L'originale, quasi sempre, passa inosservato. In definitiva, il ruolo che un tempo veniva giocato dalla natura e dai dati sperimentali, cioè il ruolo di arbitro esterno e imparziale che giudica in modo inappellabile la rilevanza o meno di una proposta, viene ora giocato dal sistema, che comanda e giudica in base alle sue leggi, le leggi del network, i "like". Una persona libera, che si incammina sulla strada della scienza e della ricerca coll'intenzione di dedicarsi interamente a studiare la fisica, può finire costretta a spendere molte delle sue energie per rispondere alla domanda: "ma cosa sta succedendo?", e sottrarre quelle energie alla ricerca stessa, per interrogarsi sul sistema in cui è immersa più che sulla natura, perché la natura è stata scalzata e il sistema ne ha preso il posto.

Molti "scienziati" sparsi per il mondo ammettono esplicitamente che il loro lavoro quotidiano non consiste nel cercare di sviluppare idee nuove o indipendenti, ma accodarsi a quelle indicate dall'alto. Essi spiegano senza pudori che "lavorano" come segue: per prima cosa, leggono solamente i potenziali lavori-guida, cioè gli articoli pubblicati dalle autorità riconosciute dal sistema. Leggono quegli articoli molto attentamente, dicono, parola per parola, cercando di farsi venire in mente qualche idea che possa avere relazione con ciò che leggono, tipo un'aggiunta, un'osservazione minore, un completamento, una variante, un piccolo calcolo, un "check", una corrispondenza curiosa, una generalizzazione banale, una chiosa. Scrivono poi un articolo contenente quella cosa, e lo pubblicano. Non perdono tempo, ti spiegano, a leggere gli articoli degli altri, a meno che questi non siano citati negli articoli-guida dei capi. Fine della trasmissione.

In un ambiente ristretto come la fisica teorica la rete sociale e di amicizie crea conflitti di interesse su larga scala e diventa una mina all'imparzialità. L'impossibilità di sanare ingiustizie e torti trasforma l'ambiente in un terreno fertile per la crescita delle ritorsioni. Quando si è chiamati a giudicare un progetto, o esaminare un articolo per la pubblicazione, o valutare una richiesta di finanziamento, come si può mettere in difficoltà una persona che si conosce bene, con cui si ha magari lavorato in passato, con cui può capitare di dover lavorare in futuro, e a cui, a sua volta, potrebbe essere mandato un proprio articolo da esaminare o un progetto di finanziamento da valutare? Lo stesso si dica al contrario: come si può resistere alla tentazione di creare un danno a una persona dalla quale si è subita un'ingiustizia in passato, o che appartiene ad un gruppo al quale appartiene anche una persona dalla quale si è subita un'ingiustizia?

Il sistema assegna i compiti, stabilisce "quello che c'è da fare". Basta dare un'occhiata a internet e vedere qual è il mainstream del momento. Non ci vuole molta fatica, non è richiesta una grande capacità inventiva, non serve l'originalità, del tutto sprecata, fuori moda e fuori luogo. Sarebbe la cosa più stupida andare in cerca di idee nuove, quando hai pronta davanti agli occhi la minestra che passa il convento e nessuno mette in dubbio che sia una buona minestra e che sia fatta bene.

Nelle citazioni, poi, i followers operano una selezione basata sul criterio che misura la "distanza dal vertice". Se un lavoro viene valutato come "lontano dal vertice" della piramide, perché non è apparso citato nei lavori-guida delle autorità, avrà possibilità assai basse di essere citato nei lavori dei "followers", qualunque sia il suo contenuto. Solo chi conosce personalmente l'autore, forse, leggerà e menzionerà quel lavoro. Se, invece, un autore è stato "battezzato" dall'autorità, verrà citato da tutti i followers, con la certezza, comunque, che pochissime di quelle persone avranno davvero letto il suo lavoro e usato i suoi risultati. Quasi tutti lo citeranno solo per averlo visto citato da "quelli che contano". Se poi si ricorda che per misurare la qualità degli articoli scientifici si usa un criterio basato sul numero delle citazioni raccolte, si può facilmente capire di quale "qualità" si tratti.

Gli effetti dell'unisono coreano sono lo scarso atteggiamento critico, i progressi lentissimi e minimi, lo sforzo grandissimo per farli, la spersonalizzazione della ricerca e quindi l'impiegatizzazione dello scienziato, l'inerzia intellettuale e il torpore, l'incapacità di vedere le più semplici verità, i tempi lunghissimi richiesti per stupidissime "scoperte", in realtà quasi sempre osservazioni scontate, l'assoluta mancanza di vitalità, di iniziativa, di freschezza, di originalità, di inventiva, di dibattito, di discussione, di libertà.

Anche se può sembrare paradossale, l'unisono è una conseguenza naturale del sistema della competizione. Non si discute su *quale* sia la *gara*. Essa è stabilita dall'alto della piramide. Bisogna buttarsi nella mischia per fare, "meglio" degli altri, esattamente ciò che stanno facendo gli altri, per scalzarli e prenderne il posto. Di conseguenza, l'originalità non viene mai premiata. E allora, per quanto riguarda le idee nuove, basta aspettare e stare pronti. Se d'avvero c'è qualcuno in giro che ha un'idea nuova e brillante, gliela si potrà portar via di sotto il naso. Facendo gruppo, o catalizzando l'attenzione di numerosi followers con argomenti impressive, si riuscirà facilmente a prendersi tutto il merito, passando sotto silenzio il merito di chi ha veramente avuto l'idea. Meglio spendere le proprie energie attrezzandosi in tempo utile a questo scopo *di rapina* piuttosto che spenderle nella ricerca di originalità.

Alla degenerazione si arriva progressivamente, senza accorgersene. Qualcuno, prima o poi, magari per banale fluttuazione statistica, esce un po' dal seminato, proponendo un'idea assurda, un'idea da crackpot, o un'idea completamente sbagliata, ma allettante dal punto di vista razionalista. Un'eventualità del genere capita spesso anche in un ambiente sano, ma in quel caso le proposte infondate o manifestamente inconsistenti vengono ignorate o accantonate presto. Se invece manca la critica interna, come pure (e soprattutto) il giudizio inappellabile (perché esterno) dell'esperimento, della natura, chi si mette a seguire per la prima volta una proposta inconsistente scopre che la sua reputazione non soffre di alcuna ricaduta negativa, ma anzi viene beneficiata dalla raccolta di un numero spropositato di citazioni. *Citatio non olet*, si potrebbe dire. Non solo, può essere addirittura premiato. Capito questo, farà tesoro della sua scoperta e in tutta la produzione successiva percorrerà la via più breve e remunerativa, senza perdere più tempo a chiedersi se quello che fa abbia veramente senso o meno, sia veramente utile al progresso della scienza o non stia invece condannando la scienza al regresso. Poi il fenomeno si ripete e qualcun altro fa qualche altro passo in "avanti", cioè propone idee ancora più assurde o ancora più sbagliate. E così di questo passo, amplificando l'innocente fluttuazione statistica iniziale fino a renderla degenerazione globale. C'è insomma un fenomeno di deriva che non trova più ostacoli e a poco a poco la comunità scientifica non si rende più conto essere uscita dai binari, non riesce più a controllare il suo locomotore, non si accorge nemmeno che sta deragliando.

Naturalmente, non tutte le fluttuazioni statistiche sono amplificate. Al contrario, tutte quelle che si oppongono ai movimenti degenerativi descritti fin qui sono soppresse. Viviamo in un sistema che si regge su ben precise e note regole di funzionamento e allora è ovvio che la degenerazione premiata è quella che meglio si adatta alle regole generali. Che poi si trovino anche nella scienza le mode, il mercato, i mainstream, il razionalismo sfrenato, la corsa al posto, l'esclusione sistematica di chi non si adegua... è solo una logica conseguenza del fenomeno generale. Pertanto nella scienza attuale si ha un colpo d'occhio su tutto il sistema, proprio perché l'effetto degenerativo, in un contesto che in condizioni normali dovrebbe essere avulso da quello, risalta molto di più.

Dopo la degenerazione chi è rimasto fermo, chi non ha seguito il resto del gregge verso il declino, ma è rimasto nel solco tracciato dalla conoscenza precedente, finisce per apparire come un "diverso", un alieno, una persona strana, anormale, malintenzionata, ribelle o un pazzo furioso.

In una situazione normale la fisica non avrebbe bisogno della cosiddetta "critica" interna, che poi è una nozione difficile da definire oggettivamente: è la natura che ha il compito di discriminare fra chi ha ragione e torto, fra le proposte sensate e quelle campate per aria. Ma quando l'apporto della natura viene meno c'è chi pensa che la competizione, il fondamento dell'illusoria pretesa di autoconsistenza, possa fare da surrogato, creando un "conflitto interno", che però è tale soltanto di facciata. Non esistono più la critica, la messa in discussione, la falsificazione, la confutazione, la sconfessione dell'altro, la polemica. Non esiste alcun confronto aperto. Regnano l'accordo, l'armonia, la pace, la *fratellanza*, l'amicizia. Ma dietro la facciata della competizione regna la discriminazione più feroce e abbietta: a favore dei gregari del sistema e contro tutti gli altri.

Un giovane che decidesse di "adeguarsi", come tutti i suoi coetanei, vedrebbe passare invano i suoi anni migliori. Infatti, il periodo più creativo della vita di uno scienziato è assai breve. In quel periodo, che arriva al massimo ai trent'anni o poco più, si forma la mente, la personalità, l'inclinazione principale a creare o seguire. Dopo non è più possibile cambiare la propria natura senza fare violenza contro se stessi. L'insistenza con cui il sistema seleziona le persone e le tiene sotto controllo nel periodo iniziale della loro vita acquista allora un'importanza cruciale. Dopo quel periodo, il sistema non rischia più nulla. Il sistema stanca, sfianca e invecchia il prima possibile.

Se ai tempi di Fermi e Majorana si poteva diventare ordinari molto prima dei trent'anni, se nei primi decenni del 1920 si era consapevoli che il momento più creativo era intorno ai 25 anni d'età, ci si immagini cosa vuol dire dover stare sotto ricatto, "fare le gavetta" fino a trentacinque anni e oltre.

L'allungamento della fase precaria della carriera diminuisce la possibilità di diventare indipendenti e liberi, e aumenta la possibilità di selezionare i followers e scartare gli altri. Da una parte l'allungamento è dovuto al fatto che oggi la preparazione richiede più tempo, per il semplice fatto che occorre studiare la conoscenza accumulata nel secolo che ci separa dai grandi fisici appena menzionati, secolo che, almeno fino ai primi anni settanta è stato uno dei più produttivi. Tuttavia non c'è solo questo. Il sistema ci mette molto del suo ad allungare il periodo di limbo, perché ciò è funzionale ai suoi scopi. Ci sono anche persone che riescono a saltare le tappe, ma si tratta delle persone che si mostrano fin da subito affini al sistema e propedeutiche alla sua conservazione. Anche questi casi sono comunque in diminuzione, forse perché il sistema si vuole cautelare oltre i limiti della paranoia.

Grazie al sistema che funziona ormai da vent'anni con le modalità che abbiamo descritto sono state introdotte e fatte introdurre nelle università e nei centri di ricerca, a tutti i livelli e in tutto il mondo, delle persone che non sono in grado di far fare progressi alla scienza, e nemmeno di preservare la conoscenza. Si tratta di persone adatte a fare attività diverse dalla scienza vera e propria, quelle di cui abbiamo parlato e che le hanno portate al cosiddetto "successo", come stabilire una fitta rete di relazioni personali e raccogliere consenso. La scienza è ormai depauperata anche della sua forza e vitalità umana, perché la maggior parte delle persone che sono state remunerate nei due decenni passati con posti permanenti, finanziamenti, riconoscimenti e premi, grant e borse di studio, organizzazioni di conferenze e inviti a quelle per divulgare il loro messaggio, sono delle persone inadeguate a far progredire la scienza, persone che la portano indietro o al massimo la portano a spasso. Oggi viviamo in una situazione critica, perché queste sono anche le persone che giudicano i futuri assunti, sono coloro che hanno il compito di giudicare i lavori scientifici, le proposte di nuovi progetti di ricerca, le domande di finanziamento, le assunzioni, insomma le persone chiamate a prendere tutte le decisioni cruciali per le generazioni future. Ci possiamo immaginare in quale direzione può procedere un sistema come questo. Una volta che per due-tre generazioni, come ormai è già successo, il campo è stato invaso da persone non qualificate a svolgere il loro compito, ma magari qualificate a svolgere compiti deviati, il futuro è segnato per i secoli a venire.

Il culto della personalità

Come è possibile che, nella comunità scientifica, che dovrebbe essere costituita da persone libere, indipendenti e responsabili, si instauri e sviluppi spontaneamente il procedere a mainstream, e che tutti gli "scienziati" del mondo, invece che sviluppare idee proprie, seguano pari pari le direttive di un gruppo ristretto di persone? Che si instauri un *sistema*? Possiamo peregrinare a lungo per cercare risposte a domande come questa, ma insistervi serve a poco, perché abbiamo mostrato ampiamente che l'involuzione *è ben possibile, anzi molto probabile*. Possiamo continuare a non volerci credere, possiamo convincerci di quello che vogliamo, ma la realtà è questa e non la possiamo cambiare.

Secondo lo spirito di sistema, quelle poche persone sono l'autorità e la guida. Essa stanno in cima alla piramide e da lì interpretano e mostrano a *tutti* l'unica e vera Via da seguire, quella indicata dall'occhio che sta in cima alla piramide, un unico occhio che vede per tutti, rendendo dunque inutile al singolo di cercare di riflettere sulle cose per conto proprio. Se si pensa che un occhio solo non è nemmeno dotato di visione stereoscopica, ci si rende ancor meglio conto dell'assurdità di qualunque ideologia che vuole riassumere il tutto nell'Uno.

La giustificazione è che quelle persone sarebbero più intelligenti delle altre, certificate tali dal sistema e dai suoi metodi di competizione-selezione. Sarebbero i *geni*, dichiarati tali non dalla storia, ma dal sistema stesso, che, nelle fantasie dei suoi sostenitori, i razionalisti, avrebbe ormai raggiunto livelli di efficienza così avanzati da permettersi di scrivere la storia in anticipo o durante il suo svolgimento. Alle altre persone, meno dotate dei geni certificati e medagliati, cioè più lontane dall'occhio che sta in cima alla piramide, non resterebbe che adeguarsi. Per loro, nessuna possibilità, men che meno la possibilità di veder letti gli articoli che pubblicano. Perché non conta il contenuto di un articolo, ma il nome di chi lo firma.

Accanto alla resurrezione del principio di autorità è stato dunque riscoperto (e come poteva essere diversamente?) il culto della personalità. Durante la seconda rivoluzione della teoria delle stringhe, il guru mondiale di quella teoria, Edward Witten, venne celebrato da certi quotidiani come "l'uomo più intelligente del mondo". In un articolo del Guardian si poteva leggere: "Edward sta studiando i fondamenti della materia, le superstringhe. I suoi colleghi lo chiamano genio. C'è chi si chiede se non sia l'uomo più intelligente del mondo." E ancora: "Ed, dicono, è una persona timida. Ma sempre cordiale."

In che cosa consistesse l'intelligenza superiore di cui si parlava nell'articolo, non saprei dire. Nell'articolo erano riportate soltanto "evidenze per induzione". Per esempio, "gli *altri*, cioè i suoi colleghi, lo chiamano tale", ciò che suscita sicuramente una certa *impressione* in alcune categorie di lettori, tipicamente le persone più sensibili alla logica del gregge, quelle che prestano attenzione al giudizio altrui, sul quale basano anche il proprio. Non ho idea di come definire il concetto di "uomo più intelligente del mondo" e testarlo sperimentalmente, comunque non esiste che un teorico delle stringhe possa avere qualcosa a che fare con una nozione di quel tipo.

Curiosamente, lo sfavore di cui godeva la teoria delle stringhe presso tutti i fisici di quel tempo che non appartenevano alla setta degli stringhisti fu menzionato solo marginalmente dell'articolo di The Guardian: chi critica non è ovviamente contemplato tra "i colleghi che lo chiamano genio". Nella buona tradizione per cui si fa informazione enfatizzando quello che viene all'uopo al momento e tacendo ciò che poco si adatta ad approntare un articolo buono unicamente per attrarre un po' di attenzione...

Perché non istituiamo il "premio al migliore articolo dell'anno", cioè all'articolo che raccoglie più citazioni? E anche, visto che ormai ci siamo, il "premio all'uomo più intelligente dell'anno?" O "al più intelligente di sempre"? E "il premio al mainstream più *spectacular*"? Naturalmente, assegneremo questi premi *votando*. L'articolo del Guardian ipotizzava (semi?)seriamente il "miglior premio di sempre" per Witten.

Si leggeva anche nell'articolo: "Parecchi scienziati affermano che la teoria delle stringhe è la teoria che spiegherà tutto". In questa frase sono condensate molte tecniche tipiche della scienza profetica, ivi incluso richiamo al principio di democrazia come "autorità" (parecchi scienziati, che implica comunque *non tutti*, ma abbastanza da creare una certa impressione su chi legge), e l'annuncio di una buona novella che solo in futuro potrebbe rivelarsi corretta, sorvolando sul fatto che il criterio dell'audience è quello usato per scegliere i programmi tv da mandare in onda e quelli da eliminare, non la correttezza o validità di idee scientifiche. Parecchi scienziati hanno fede. Il sistema ci dice che sono buoni scienziati, anzi i migliori, i più intelligenti del mondo. Noi sappiamo che il sistema funziona. Anche noi dobbiamo avere fede.

Si dirà che non vale la pena di prendere sul serio articoli di giornale. Il sistema, d'altra parte, va preso sul serio eccome. Vista l'assenza di voci critiche quello che si può leggere sui giornali, sulle riviste scientifiche, o ascoltare alle conferenze fotografa senza veli e coperture di facciata la degenerazione in atto. Il peccatore non si preoccupa nemmeno di nascondere il peccato se ritiene ormai superfluo prendere precauzioni, vuoi perché le voci critiche sono flebili o inesistenti, vuoi perché molti non sanno più distinguere ciò che è peccaminoso da ciò che non lo è, mentre gli altri fingono di non accorgersi di nulla.

Negli anni 1994-95, come ricordato altrove, scoppiò quella che fu battezzata (nel mentre aveva luogo) la "seconda rivoluzione nella storia della teoria delle stringhe", entrata nella storia per direttissima. Nelle pagine elettroniche di John Schwartz, stringhista di CalTech e autorità nel campo della teoria delle stringhe, si possono leggere le tappe salienti di quella storia. A dire il vero, Schwartz esordisce mettendo le mani avanti (*excusatio non petita...*), cioè confessando al suo lettore, che, ebbene sì, "a suo tempo abbiamo esagerato un po' a parlare di Teoria del Tutto e molti ci hanno preso per esaltati. Mentre invece siamo cordiali e veramente simpatici." Vale la pena rimarcare l'ammissione di colpa, cosa che poté avvenire solo perché compensata dall'esaltazione per la nuova, per quanto finta, rivoluzione in atto. Può essere utile confrontare le parole appena riportate con quelle dell'articolo del Guardian, per notare che la struttura della "parabola" è la stessa: uno *switch* repentino tra una questione seria (eravamo esaltati, abbiamo mentito, ingannato e truffato) e un appello ai sentimenti umani (siamo simpatici e cordiali). In virtù del loro totalitarismo e della loro propensione a lavorare per annientare tutti gli altri, per forza di cose gli stringhisti non possono brillare per simpatia e cordialità, se non presso i membri della loro stessa setta, come presso le persone ingenue e inconsapevoli.

Bene, dice Schwartz, ammettiamo l'errore e mettiamo in soffitta la teoria del tutto. Ora la teoria delle stringhe da sola (cioè *la sola teoria del tutto...*) non basta più: siamo troppo occupati con lo storico "tremendous progress" della nostra "spectacular revolution". Prima ci montavamo la testa, ma adesso non lo facciamo più, credeteci.

Quando una moda passa ci si mette una pietra sopra e, senza perdersi d'animo, e senza aver imparato alcuna lezione, si passa di punto in bianco alla "nuovissima teoria nuova candidata - stavolta per davvero e non per finta - a spiegarci, fra un numero imprecisato di generazioni, tutta quanta la natura, perché è così bella ed elegante che... non potrebbe essere diversamente, e solo una persona in malafede si permetterebbe di dubitarne". La fisica moderna è specializzata nella vendita delle piume dell'Arcangelo Gabriello.

Come detto una decina di anni dopo venne alla luce che la teoria delle stringhe non poteva mantenere le sue promesse. Anche chi fingeva di non vedere dovette ammetterlo. Quali cappelli faremo portare a coloro che fino ad allora erano stati considerati "gli uomini più intelligenti del mondo"? E quali altri cappelli daremo da indossare a chi li incensava di cotali riconoscimenti?

I premi

Oggi viene assegnato un numero esorbitante di premi, non soltanto a scoperte di importanza indiscutibile e riconosciuta da tutti, ma anche a scoperte in potenza, alla "carriera", ai contributi dati per "stimolare un interessante e vivace dibattito" nella comunità scientifica, cioè ai mainstream. Insomma, c'è un proliferare di premi assegnati con arbitrio, in modo soggettivo, e senza criterio.

Premiare scienziati "per i contributi al progresso della scienza" è un gioco poco divertente e molto nocivo. Non esiste, né può esistere una commissione di giudici "superiori" in grado di esprimere giudizi di questo tipo. Esistono soltanto commissioni autoreferenziali che si investono arbitrariamente di questo ruolo. Per uno scienziato la ricompensa di una scoperta è la scoperta in quanto tale, il contributo che essa può dare al progresso, e il riconoscimento che ne deriva. Non un premio in denaro e l'inserimento in una qualche classifica.

A ben guardare, premiare un contributo scientifico vuol dire interferire indebitamente sulla scienza dall'esterno. Lo scopo dei premi è di creare autorità, "dare l'esempio", indicare artificialmente alla collettività la via da seguire. Ci sono casi in cui le liste dei premiati sono esageratamente lunghe, ciò che permette alle fazioni maggiormente influenti di infilarci dentro loro conoscenti e persino, come abbiamo sottolineato più volte, persone che hanno proposto dimostrazioni fallaci, ma "hanno stimolato un vivace dibattito". È assolutamente ingenuo pensare che i premi nella scienza siano qualcosa di sano o anche solamente innocente.

Dietro molti premi in denaro ci sono finanziatori che spesso non sono in grado di supervisionare adeguatamente la formazione delle commissioni giudicatrici, o di emanare adeguati criteri di selezione dei membri di quelle commissioni, o dei premiati, e quindi si fanno facilmente giocare dai gruppi più influenti. Il risultato è che vengono presi in considerazione (quasi) soltanto i lavori di quei gruppi e vengono premiate (quasi) soltanto persone di quei gruppi. Il "quasi" è messo per tenere conto che saltuariamente vengono premiati anche lavori di qualche pregio (per trovare i quali si deve tornare indietro di decenni), ma unicamente "per copertura", per poter parare obiezioni, per poter dire di averlo fatto. Per il resto le lunghe liste di premiati contengono in stragrande maggioranza le persone che hanno creato i mainstream che sono riusciti ad ottenere il maggior seguito.

Wow! I premi ai creatori di mainstream! Quale grande traguardo abbiamo raggiunto col progresso! Ci mancava proprio. Il quadro non era completo senza i premi ai creatori di mainstream di maggior successo. Lascio soltanto immaginare al lettore cosa succede dietro le quinte, le pressioni di questo e quel gruppo, l'occupazione delle commissioni assegnatrici da parte di un gruppo piuttosto che un altro, i premi dati generosamente ad amici, colleghi e gregari, e così via.

Infine, giudicando *prima* o *durante*, tramite premi o autoproclamandosi protagonisti della *seconda rivoluzione della teoria delle stringhe*, invece che lasciare la parola alla storia, si può esercitare un'efficace e sistematica azione di controllo, un'azione talmente invasiva che finisce per pretendere di sottomettere perfino la storia. Nell'illusione che anche quella, alla fine, si adegui mansueta al sistema.

Tanti convegni, tanti *proceedings* (le pubblicazioni degli atti di un convegno): tenere conto di tutto per iscritto, come se tutto fosse ugualmente rilevante, come se tutto fosse fisica, come se tutto fosse storia, senza più la nozione del trascurabile. Aumentando la produzione di irrilevante si copre ciò che vale, si dimenticano i progressi fatti, si galoppa verso il declino, la dimenticanza, l'oblio, la trascuratezza, l'inerzia e l'analfabetismo di ritorno. La produzione dell'irrilevante oggi va per la maggiore. Dal razionalista l'irrilevante viene propagandato, amplificato, premiato e tramandato. In passato scartato implacabilmente dalla natura, oggi celebrato dagli esseri umani.

Le autorità del sistema sono i sacerdoti di una nuova chiesa. Ricevono investiture fatte di un mix di consenso, popolarità, premi e culto della personalità. Più passa il tempo e più l'equilibrio dettato da questo sistema si stabilizza, fino a quando, passato il punto di non ritorno (che in fisica teorica è stato passato poco più di un decennio fa), la comunità scientifica si trova persa e spaesata, disorientata, incapace di reagire. A quel punto anche la libertà diventa inutile. Anche se, per miracolo, il sistema oppressivo sparisse di punto in bianco, anche se uno scienziato venisse a trovarsi oggi in una situazione di totale libertà, non saprà più che pesci pigliare, non sarà più in grado di rimettere insieme i cocci e ripartire, non ricorderà nemmeno come si fa scienza, e allora si metterà prontamente a lavorare per ricreare il sistema. Ne sentirà la mancanza e il bisogno, come un bimbo ha bisogno della madre. La sua libertà e la sua anima sono state completamente svuotate, una libertà assoluta ma inutile come quella di chi si trova nel deserto, o nel cimitero di macerie che i distruttori di conoscenza consegnano ai posteri. Come i sopravvissuti sull'isola di Pasqua, non ricorderemo più le conquiste di poche generazioni precedenti. Per quanto scritte nei libri, salvate su file e disponibili su internet, non sapremo più distinguerle dal resto, nell'oceano di irrilevante nel quale si saranno inabissate.

Il doping nella scienza

Siccome sono in ballo quantità considerevoli di denaro, quelle necessarie per la creazione di posti di lavoro fissi o meno a livello accademico, come per la copertura finanziaria di progetti di ricerca, e allo stesso tempo stiamo parlando di azioni e comportamenti che possono avere un impatto considerevole su carriere, quindi anche sul decorso di vite umane, non possiamo limitarci a considerare queste azioni come delle semplici storture del sistema, anche perché non si tratta di eccezioni, ma di regole. Dobbiamo chiamarle con i loro nome: abusi e truffe, ai danni della collettività e ai danni degli altri.

Chi occupa un settore morente e lo snatura conta sul fatto che passerà necessariamente un certo tempo prima che l'"imbroglio" venga smascherato. Certo, al cospetto della *storia* il ciarlatano non ha alcuna speranza di farla franca, ma nell'intervallo di tempo intermedio, spesso superiore alla durata di una carriera e di una vita umana, sarà riuscito a fare con successo i propri interessi, danneggiando gli altri e ostacolando coloro che avranno cercato di rivitalizzare il settore in agonia.

In cosa consiste il talento oggi? Capire in tempo qual è la moda più promettente, e seguire quella in modo da avvantaggiarsi anche rispetto a coloro che seguono sì le mode, ma non sono altrettanto furbi, o non abbastanza solerti, o non abbastanza rapidi e reattivi, oppure si accontentano di mode così così. È questo quello che chiediamo alla scienza? Come dobbiamo qualificare l'attività di persone che lavorano principalmente per fare *citation fishing*, che scrutano l'orizzonte per individuare la moda più forte, e magari non si fanno scrupolo a seguire mode qualunque, tanto su argomenti scientificamente fondati, quanto su proposte gratuite o manifestamente prive di senso, per inserirsi in gruppi, che si formano più o meno spontaneamente con questo tipo di processo, fatti di persone che hanno come scopo principale quello di scambiarsi generosamente citazioni reciproche per migliorare i propri curricula ed aggiudicarsi un vantaggio rispetto a tutti coloro che non fanno altrettanto? Visto che sono azioni che hanno conseguenze pesanti sulla propria carriera e sulla carriera e la vita degli altri, sui propri guadagni e sui guadagni degli altri, sui finanziamenti ai propri progetti di ricerca e sui finanziamenti ai progetti degli altri, non si tratta forse di abusi? Non siamo forse nell'illegalità? Non è forse come escogitare trucchi per eludere il fisco? Non si tratta forse di trucchi per rubare agli altri e alla comunità? Una gara ad amplificare indebitamente i propri curricula: sarebbe questo il motore della scienza contemporanea, il motore del progresso? E non sono corresponsabili forse anche le istituzioni, università e centri di ricerca, che applicano criteri di selezione che incentivano e premiano questo tipo di abusi, invece che monitorarli e punirli? Non sono dei crimini anche quelli commessi dalle università e dai centri di ricerca che usano questi sistemi?

A ben guardare, l'attività di chi gonfia indebitamente i propri citation indices col sistema del social network, per avvantaggiarsi rispetto agli altri nell'aggiudicarsi posti all'università e finanziamenti non è soltanto una serie di azioni ai limiti della legalità, ma azioni che quei limiti hanno varcato abbondantemente. Soltanto la cecità di chi pratica questo tipo di attività, immerso in un sistema in cui la praticano quasi tutti, chi più chi meno, può nascondere l'evidenza. Protetti da un'omertà diffusa dovuta al fatto che se tutti campano sulla truffa, chi denuncia? Selezionando con i criteri che abbiamo descritto sopra si spalancano le porte agli abusi, e si riesce a costruire un'immunità di fatto che protegge chi li pratica. L'ambiente ha pochi scambi coll'esterno, i "giudici", cioè i referee fanno parte dello stesso ambiente e dello stesso sistema, e sono stati selezionati cogli stessi criteri, per cui la truffa continua indisturbata.

Si tratta di un vero e proprio *doping*, che falsa tutti i risultati della competizione. I curricula di chi segue i mainstream sono tutti dopati, gonfi di citazioni e riconoscimenti creati artificialmente. Sono abusi che servono ad avvantaggiarsi sugli altri. Sono vantaggi che si traducono in lauti compensi economici. Non sono violazioni della legge queste? Non sono truffe alla collettività e ai danni di altre persone, coloro che non possono o non vogliono praticare quegli abusi, ma vorrebbero unicamente fare ricerca scientifica, in pace magari?

Per non dimenticare le pressioni esercitate per indurre più persone possibile a seguire le idee dominanti e le pratiche discutibili di cui abbiamo parlato, le penalizzazioni per chi non lo fa, le forme di pressione, ricatto e coercizione, le tecniche di manipolazione ambientale, e in ultima analisi anche la discriminazione nei confronti di chi non si adegua, tutte azioni che si traducono in guadagni indebiti per chi riesce a far funzionare questo gioco, guadagni in termini di posizioni permanenti ottenute per sé e per i propri gregari, migliori di quelle ottenute da altri, e pure i lauti finanziamenti alla propria ricerca con conseguente riduzione dei finanziamenti alle ricerche altrui, possibilità di bandire borse post-dottorali, aumentare il numero di studenti che lavorano su quei filoni di ricerca, e quindi espandersi ulteriormente e in ultima analisi perpetuare e accrescere questo sistema.

Abusi, discriminazioni, burocratismo, assenza di qualunque tutela, mancanza di organismi a cui potersi rivolgere per dirimere pubblicamente le eventuali dispute, arbitrio, corsie preferenziali per i gregari del sistema, utopia dell'autoconsistenza come alternativa all'esperimento, simmetria, uniformità, eliminazione del diverso, dell'anomalia, o sua riconduzione all'uniforme: signore e signori, ecco a voi il *Sistema*!

L'ambiente crea, dopo un certo tempo, assuefazione, al punto che chi vi è immerso non riesce nemmeno a scorgere il problema. Si potrebbe pensare che in queste situazioni sarebbe utile potersi rivolgere a giudici imparziali, persone che possano osservare dall'esterno e siano in grado di giudicare senza subire pressioni o influenze di alcun tipo. Tuttavia, per forza di cose chi non lavora nel settore deve spesso fidarsi di quello che gli "esperti", in questo caso gli scienziati, gli dicono. Si può facilmente capire che doversi fidare di ciò che dicono gli imputati per giudicarli non è il massimo, per un giudice. Eppure ormai il grado di specializzazione è arrivato a un livello tale che dall'esterno non è possibile improvvisare giudizi credibili. Occorrerebbe come minimo acquistare una preparazione sufficiente a capire la materia, ma questo richiede anni di studi universitari e post-universitari.

Non è facile nemmeno per uno scienziato giudicare in modo corretto e adeguato il lavoro di un altro scienziato che si occupa di argomenti diversi dai suoi. Oppure non è facile per uno sperimentale emettere giudizi su un teorico, e viceversa. Abbiamo già ricordato che, per esempio, per anni i fisici sperimentali delle alte energie hanno abboccato alle favole che i fisici teorici raccontavano loro. Solo oggi, dopo una serie di delusioni, cominciano a insospettirsi un po'. La grandunificazione mai vista, la supersimmetria tanto propagandata dai colleghi teorici quanto scansata dalla natura, eccetera. Ma a loro faceva comodo credere alle storie raccontate dai teorici, perché così potevano giustificare facilmente richieste di finanziamento che avrebbero invece meritato ben maggiore approfondimento. Se avessero riferito la situazione in modo corretto avrebbero dovuto ammettere di dover chiudere baracca e burattini. È un classico esempio di truffatore che inganna chi non aspetta altro che farsi ingannare perché così i due stringono una tacita alleanza per ingannare un terzo, in questo caso lo stato che finanzia entrambi. Salvo poi accusarsi reciprocamente di essere stati gli unici veri responsabili del crimine.

Non si può risolvere il problema consultando degli esperti come referee, perché il responso dipenderebbe da chi viene consultato. In ogni caso, vista la sproporzione tra il numero di gregari dei vari mainstream e le persone libere, che oramai sono pochissime, la probabilità che la scelta non ricada sui primi è molto scarsa, e quindi il responso sarà molto indulgente nei confronti degli imputati, quando non entusiasta. Non si può appoggiarsi sul giudizio condiviso della maggioranza degli scienziati, per lo stesso motivo, perché quella maggioranza è fatta di gregari dei mainstream.

Si può dire che la comunità scientifica odierna versa in uno stato di vero e totale abbandono. A poter giudicare eventuali abusi non c'è nessuno. Si può immaginare quanto tempo e diatribe infinite occorrerebbero per sollevare questioni come queste dal punto di vista legale e ottenere ragione da persone, giudici e magistrati, che non conoscono l'ambiente e devono fidarsi di pareri forniti da esterni. Col risultato che si finirebbe per spendere il proprio tempo facendo tutt'altro che ricerca scientifica. In ogni caso, la legge può arrivare solo molto tempo dopo che il danno è stato fatto, anche perché stiamo parlando di un settore per il quale non sono contemplate leggi specifiche, e occorre appellarsi a leggi applicabili a situazioni ordinarie della vita.

Un regime è una situazione in cui non *esiste*, per una causa o per l'altra, un confronto vero tra posizioni diverse e libere. La critica di facciata, invece, è la benvenuta, essendo il terreno preferito dai cosiddetti intellettuali. Col passare del tempo e la conseguente assuefazione, coloro che veicolano le idee dominanti non avvertono nemmeno più la necessità di prendere precauzioni per parare le obiezioni più ovvie, e di conseguenza finiscono coll'esprimersi in modo ripetitivo, prevedibile, scontato e negligente, rivelando tutta la loro sciatteria "al naturale". Le stesse idee dominanti, alla fine, vengono contagiate e corrotte, fino al punto in cui non sono più difendibili sul piano dell'argomentare e vanno sostenute "colla forza", cioè invocando l'intervento del sistema. Oggi siamo arrivati a questo stadio, perché con estrema disinvoltura si costruiscono mode su idee e proposte totalmente indifendibili.

Ebbene, abbiamo visto a cosa porta l'utopia dell'autoconsistenza. Si tratta di un sistema che si vorrebbe autosufficiente e autoconsistente, ma che finisce per chiudersi su se stesso, e dimenarsi come un lombrico pestato.

Il successo

Dal punto di vista formale, l'individuo è "sempre" libero, nel senso che nessuno può impedirgli di spaziare con la sua fantasia e nemmeno comunicare le sue idee, per quanto in disaccordo col sistema del suo tempo. Tuttavia, deve essere pronto a subire la reazione dell'ambiente che gli sta intorno. Nel caso di Giordano Bruno, per esempio, la reazione del sistema fu quella di bruciarlo vivo. Tuttavia, anche oggi esistono metodi non meno efficaci per "bruciare" le persone che divulgano idee che la collettività non vuole nemmeno ascoltare. Il fatto che continuino ad esistere degli individui eccezionali come i Giordano Bruno, che insistano nonostante tutto a perseguire le loro idee e loro visione, visione che magari soltanto secoli dopo la loro morte sarà riabilitata o addirittura riconosciuta corretta, accettata e confermata, non è di alcuna consolazione, perché in un ambiente ostile che opprime e soffoca, quegli individui sono assolutamente inutili e i loro contributi sono sterili. La loro stessa esistenza è inutile. A posteriori potranno ricevere un riconoscimento e una riabilitazione, ma ciò non cambia il fatto che la potenzialità della loro mente creativa e geniale non sia stata messa a frutto quando poteva e doveva, e invece le sia stato negato di dare frutto. La validità delle loro idee fu valorizzata o riscoperta dopo, quando ormai era troppo tardi. Sottolineo *ri*scoperta, per mostrare che anche se quelle persone non fossero mai esistite, il mondo avrebbe percorso esattamente la stessa strada che ha percorso: sterilizzando le loro idee, ha reso le vite di quelle persone letteralmente *inutili*.

Questo succede esattamente anche oggi. Non si usa il fuoco, non si usa ardere la persona viva in pubblico, ma l'effetto è lo stesso, perché la lotta contro la libertà viene vinta non impedendo a chi vuole esprimersi a tutti i costi di riuscire a farlo, che è impossibile, ma impedendo che il suo messaggio venga seguito da altri, che attecchisca e apra nuove strade, insomma condannando quel messaggio sgradito alla sterilità, annullando tutti gli effetti di ciò che quella persona ha detto e fatto, stoppandone la diffusione sul nascere, impedendo che ciò che ha scritto venga letto ed ottenga risonanza, riservando una grande risonanza artificiale ad argomenti controllati e ammaestrati, per creare un rumore di fondo assordante che copra qualunque idea differente dalla norma. Il fatto che certi contesti storici, come quelli che permettevano di ardere vivo un eretico, non si possano ripetere, non vuol dire affatto che le conseguenze che producevano allora non possano essere prodotte anche oggi con metodi alternativi, ma egualmente efficaci.

All'estremo opposto stanno coloro che "hanno successo", quelli che 'ce l'hanno fatta". Invece che bruciati vivi, costoro sono celebrati a non finire dal sistema, molto spesso strumentalmente per "dare l'esempio". "Se non hai successo la colpa è solo tua. Non puoi lamentarti, perché se ti lamenti vuol soltanto dire che recrimini per il fatto di non aver avuto successo". Questa deviazione del discorso sul cosiddetto successo merita un approfondimento. Il successo è alla fine successo tramite consenso, perché si tratta di un individuo che riceve riconoscimento dai suoi simili, cioè dagli individui appartenenti alla sua stessa specie, per quello che fa o ha fatto nella sua vita. Può darsi che a molte persone ottenere questi riconoscimenti interessi parecchio, ma una simile definizione di successo non tiene conto dell'aspetto più importante della questione: con quali criteri e modalità la comunità attribuisce agli uni e nega ad altri un tale successo, come si stabiliscono, come si cambiano, come si rimettono in discussione quei criteri? E poi, *chi* li stabilisce, *chi* li rimette in discussione, *chi* li cambia? Infatti, se i criteri sono "umani" quel successo è un successo umano, che spesso vuol dire un successo finto, un successo sociale, un successo di consenso, che può andare bene per un'opera d'arte, un libro, un quadro o una qualunque creazione che abbia finalità artistiche, e in molti altri casi, come nel mercato, o alle Olimpiadi, ma certamente non ha alcun valore intrinseco quando si parla di scienza, dove, e ritorniamo al punto di partenza, la definizione di successo sta nell'accordo con la natura e non in surrogati umani di quella definizione. Qualunque alternativa alla natura è una forma di violenza sulla scienza, una violenza dalle conseguenze che abbiamo visto.

La sovrappopolazione

Per esplorare l'ignoto servono persone libere, non persone che lavorano sotto ricatto. Inoltre, possono bastare molte persone in meno di quelle impiegate oggi. Si potrebbe ritenere, erroneamente, che alla crescita demografica corrisponda un aumento della velocità del progresso. Un argomento a favore di questa tesi è che una scoperta scientifica, una volta fatta, tipicamente da una sola persona, oppure da un piccolo gruppo di persone, avvantaggia tutti. Pertanto se la popolazione aumenta, aumenta proporzionalmente anche la popolazione di scienziati e ricercatori, e quindi aumenta la probabilità di fare altre scoperte scientifiche. Questo ragionamento, però, coglie solo un aspetto del problema. Oltre un certo limite la crescita demografica è da ostacolo al progresso. Infatti, l'argomento appena esposto varrebbe se fosse possibile aumentare allo stesso tempo le dimensioni del pianeta, cioè se fosse possibile una crescita demografica lasciando invariata la densità della popolazione. Siccome però il pianeta ha dimensioni finite, e uscirne è e rimarrà un'impresa proibitiva per molti secoli, occorre tenere conto degli effetti che ha sul progresso non la pura e semplice crescita demografica, ma la crescita della densità di popolazione. Ebbene, essa annulla i benefici della crescita demografica, perché riduce l'importanza del pensare in quanto tale. Vediamo perché.

In questi anni in occidente stiamo forse apprezzando per la prima volta nella nostra storia l'effetto di cui voglio parlare. Vederlo non è facile perché siamo immersi in un ambiente a densità di popolazione più o meno costante nell'arco della nostra vita. Se ci trasferiamo in un altro paese europeo, la situazione non cambia di molto. Se vogliamo riuscire a vedere ciò di cui sto parlando dobbiamo guardare da una distanza sufficiente, per esempio immergendoci in una società in cui la densità di popolazione sia molto diversa della nostra, e registrarne gli effetti per confronto colla nostra. In definitiva, è sufficiente che ci spostiamo in Cina, dove in tutte le città più importanti la densità di popolazione è parecchie volte più alta della nostra.

Un'alta densità di popolazione offre numerosi benefici, ma anche ricadute negative. Il beneficio principale è che ogni investimento frutta al massimo. Lo stesso sforzo, fatto da un gruppo di persone, che forniscono un servizio, o commercio, o impresa, serve molte più persone. Per esempio, non si corre il rischio di costruire una linea metropolitana i cui treni non siano strapieni di viaggiatori dalla mattina alla sera per tutta la loro vita naturale. Autobus semivuoti sono impossibili da trovare. Per una banale questione statistica, non c'è nessuna possibilità che un negozio non sia frequentato da un flusso regolare di clienti, se un negoziante non fa prezzi veramente assurdi. La stessa spesa, come l'illuminazione delle strade, serve molte più persone che da noi, quindi il costo per persona è più basso, ed è molto più facile da realizzare. Costi uguali sono spalmati nelle tasse pagate da molti più contribuenti.

D'altro canto, proprio perché per ottenere lo stesso risultato basta uno sforzo minore, proprio perché lo spreco di risorse quasi non può esistere, la grande densità di popolazione rende necessario trovare qualcosa da far fare a tutti. Si tende quindi ad evitare l'automazione, e in certi casi anche l'informatizzazione, perché è possibile assegnare ad esseri umani compiti che potrebbero essere eseguiti da macchine, computer e robot. Anzi, per certi versi è obbligatorio fare così, e conveniente, perché le persone che possono occuparsi di quelle mansioni sono a portata di mano, e sono a disposizione. Esse lavorano per salari bassi ma sufficienti a permettere loro una vita dignitosa.

E qui si innesta il discorso sulla rilevanza e il ruolo del pensiero scientifico in una società con un'alta densità di popolazione. Un docente universitario che ha a disposizione un'eccessiva quantità di manodopera a basso costo, cioè un gran numero di studenti pronti a lavorare per lui, deve trovare espedienti per impiegarla. Pertanto invece che spendere del tempo a riflettere individualmente sui problemi maggiori della sua ricerca, assegna ai suoi studenti una miriade di problemi poco impegnativi, che poi diventano pubblicazioni di bassa qualità. Insomma, al procedere galileiano, che attribuisce un ruolo fondamentale all'astrazione e alla matematizzazione del pensiero scientifico, si sostituisce progressivamente un procedere più baconiano, del tipo: "tu prova questa strada, tu prova quest'altra, tu una terza...", e così via; "poi venite da me coi risultati, li confrontiamo e decidiamo il passo successivo". Un procedere "sperimentale" applicato alle questioni teoriche. È chiaro che non può portare agli stessi risultati del metodo originale. Per esempio, può essere molto efficace nell'individuare una soluzione "vicina", ma non è assolutamente in grado di vedere lontano. È un metodo di corto respiro, che però ben si adatta alla società cinese, che si è evoluta con questo metodo per gran parte della sua storia. Tuttavia, ormai anche in occidente la densità di popolazione ha oltrepassato il livello di guardia, per cui, volenti o nolenti, anche noi stiamo soccombendo e adattandoci a questo metodo, con tutte le conseguenze che ciò comporta, come appunto l'abbassamento generalizzato della qualità degli articoli di ricerca, dei progetti, e di tutto ciò che riguarda la scienza.

La soluzione più semplice a questo problema, cioè la riduzione della densità di popolazione, è purtroppo irrealizzabile, almeno adesso, anche se in futuro prossimo potrebbe iniziare un naturale e graduale decremento della popolazione globale. Fermarsi un attimo a riflettere, prima di prendere decisioni avventate dalle conseguenze quasi irreparabili, come le decisioni che riguardano i criteri di valutazione, di merito e di reclutamento, potrebbe sicuramente aiutarci a ridurre le conseguenze negative.

In linea di principio, un ambiente più popolato non dovrebbe creare di per sé particolari problemi alle operazioni di valutazione e reclutamento: ci sono più persone da giudicare, ma ci sono anche più persone in grado di giudicarle. E allora, dov'è tutta questa necessità di semplificare i criteri di giudizio con l'ausilio di rating e standard universali, come il numero delle citazioni e gli impact factor, e trovare scorciatoie per risparmiare tempo o fare più in fretta? Il forte sovraffollamento non sembra in grado di fornire una spiegazione adeguata. La cosa ha senso soltanto se si ammette che il numero dei giudici non cresca proporzionalmente al numero dei giudicati, ma cresca molto meno velocemente, per cui man mano che aumentano le persone da valutare diminuiscono in proporzione le persone che le valutano. In effetti, è così, ma questa è una scelta ben precisa del nostro sistema, non una necessità. Un sistema diverso avrebbe invece potuto fare la scelta opposta o una scelta più equilibrata. Dobbiamo dunque chiederci *perché* il *nostro* sistema (intendo il sistema planetario, non il sistema italiano), ha fatto la scelta che ha fatto. *Cui prodest?*

Sembra che il problema di valutare un numero crescente di persone diventi troppo difficile, e quindi sia necessario imboccare scorciatoie come quelle oggi imperanti, che si basano per esempio sul conteggio del numero di citazioni raccolte dagli articoli pubblicati, sull'impact factor, cioè sul numero di citazioni raccolte nei primi due anni successivi alla pubblicazione, sull'h index, l'indice che misura quanto seguito ha avuto la produzione scientifica complessiva di un autore, sempre basato sul conteggio delle citazioni raccolte. In definitiva, ci deve essere una ragione precisa per spiegare come mai sono stati escogitati sistemi che permettono di giudicare i lavori scientifici senza doverli leggere.

Facciamo un passo avanti. Il problema è che se il numero di persone che giudicano aumentasse proporzionalmente al resto della popolazione, aumenterebbe proporzionalmente anche la varietà dei giudizi espressi, quindi l'indipendenza e la libertà di giudizio. Dov'è che l'indipendenza e la libertà sono percepite come inaccettabili, anzi viste come perniciose per la società? Chiaramente, questo accade in un sistema di pensiero universale, di pensiero unico, o quasi unico.

Questo è il vero motivo vero per cui vengono imboccate con tanta solerzia le irrazionali scorciatoie di cui sopra. Surrettiziamente giustificate come necessarie e ragionevoli, per le immancabili "ragioni tecniche", sono strumenti insostituibili per uniformare i giudizi, non soltanto a livello nazionale, ma addirittura a livello planetario, arrivando ad ingabbiare la libertà di intere generazioni di scienziati, per clonare le generazioni successive come copie delle precedenti, per selezionare i nuovi arrivati "fin da piccoli" in modo da scalzare chiunque possa minacciare il tanto agognato unanimismo di facciata. Se lo scopo fosse quello di dare fiato alla libertà scientifica, quindi alla varietà dei giudizi espressi, non potrebbero essere adottati quei criteri.

Pertanto l'aumento della densità di popolazione è usato dal sistema per far sì che gli uomini esercitino pressione gli uni sugli altri, si pestino i piedi da soli, e così riducano le loro proprie libertà. Come detto, è una scelta precisa di molti sistemi sociali particolari, non una necessità di qualunque sistema sociale.

Lo sfruttamento

Il sistema, per definizione, è un sistema di sfruttamento. Il prodotto di una stessa quantità di lavoro, fatto da una stessa quantità di persone, non è lo stesso nel corso dei decenni e dei secoli, ma dipende molto dalle conquiste del progresso tecnico e scientifico. La stessa fatica nei campi, fatta secoli fa, produceva molto meno di quello che produce oggi, grazie a una serie di macchinari e migliore organizzazione. Senza spingersi a casi così eclatanti, osserviamo che qualunque lavoro svolgiamo in ufficio, all'università o in fabbrica non vale tanto per la quantità di lavoro fatto, ma per quanto se ne può ricavare in base alle conquiste del progresso.

Se il progresso permette di potenziare il valore produttivo di una data quantità di lavoro, ma la remunerazione (in senso lato, che vuol dire anche opportunità di realizzazione, chance nella vita, e così via) rimane bassa, o viene accresciuta meno di quanto dovrebbe essere, in proporzione, o infine viene adeguata con ritardo, ecco che si crea lo sfruttamento: un esercito di persone che lavorano e vengono pagate molto meno di quanto dovrebbero. Non sono pagate salari da fame, ma salari *da allevamento*. Il lavoro in più porta benefici dei quali evidentemente non possono godere quelli che fanno quel lavoro, ma va a vantaggio di altre persone, i privilegiati, e viene in parte impiegato per mantenere la stessa struttura di sfruttamento. Ci sono dunque delle persone che campano sul lavoro di quell'esercito di sfruttati. Addirittura, molte di quelle persone fanno di lavoro proprio quello di mantenere e far funzionare il sistema che sfrutta gli altri. Cioè il lavoro che fanno loro e per cui sono pagati è quello di sfruttare gli altri.

Di queste cose oggi ci si accorge meno, perché il sistema e lo sfruttamento sono più difficili da individuare e scoprire. A differenza di secoli fa il sistema non ha come effetto la riduzione alla fame e alla povertà di una porzione grande o addirittura maggioritaria di persone, ma può permettersi di restringere quegli effetti a una porzione minoritaria di persone, quindi più facilmente controllabile. Il sistema si regge sottraendo a poco a poco alle persone opportunità e chance, facendole lavorare e remunerandole abbastanza per *allevarle* (in quanto il loro ruolo è comunque funzionale, anzi cruciale, per il mantenimento del sistema stesso), ma molto meno di quanto il lavoro prodotto da loro effettivamente vale, e dirottando il di più a vantaggio della struttura stessa che li mantiene in quella condizione.

L'essenza della struttura è dunque lo sfruttamento. Per esempio, l'esistenza di una struttura all'interno di un partito politico fa sì che chi voglia accedere ai posti più importanti debba scalare i gradini di quella struttura, e nel momento in cui fa le operazioni necessarie per raggiungere lo scopo deve faticare, deve guadagnarsi i passaggi ai livelli più elevati col sudore della propria fronte, nella speranza di ricevere poi una ricompensa. Il punto è, però, che la struttura è necessariamente piramidale, quindi se tante sono le persone che lavorano in prospettiva di una futura ricompensa, pochissime sono le persone che effettivamente la riceveranno. Ciò mostra dove si annida lo sfruttamento. Cioè, a pochissime persone verrà restituito tantissimo in più rispetto al lavoro fatto per salire la piramide. Esse saliranno fino in cima alla piramide e da quel momento si alimenteranno dei favori ricevuti da tutti gli altri che stanno sotto. Invece, a tutti gli altri che lavorano nella speranza di una ricompensa che non riceveranno mai verrà restituito zero, e saranno costretti ad andarsene senza alcuna possibilità di vedersi risarciti dei contributi che hanno effettivamente dato. Questo è un caso eclatante, uno tra gli esempi peggiori di sfruttamento, in cui l'alternativa è fra zero e dieci, zero ai tantissimi, dieci ai pochissimi. Purtroppo, questa versione degenere dello sfruttamento non è solo quella tipica che si trova nella politica dei partiti chiusi e organizzati, ma è anche quella che oggi si trova nella scienza, in particolare nella fisica teorica, e che abbiamo descritto per filo e per segno. È la forma più sfacciata di sfruttamento, che può reggere impunemente e per lungo tempo grazie alla mancanza di trasparenza e pubblicità. Nel caso dei partiti politici perché la trasparenza è eventualmente una loro libera scelta, e se decidono di organizzarsi nella maniera spiegata sopra sono purtroppo liberi di farlo, nel caso della scienza perché si tratta di argomenti di nicchia che non possono essere messi sotto la lente di ingrandimento dell'opinione pubblica, vuoi perché l'opinione pubblica ha tanti altri problemi di cui occuparsi, vuoi perché non si può caricare sulle spalle dell'opinione pubblica il controllo di tutto quello che non va, vuoi perché le difficoltà dei problemi scientifici più avanzati richiedono una preparazione che impedisce un facile accesso a moltitudini di persone che possano fungere da giudici esterni ed imparziali. Pertanto, anche l'informazione che arriva ai mezzi di comunicazione è per forza di cose addomesticata, sebbene col tempo cominci a passare qualcosa, con gravi ritardi.

Il sistema sociale, invece, è un sistema di sfruttamento più sofisticato. Non è il brutale zero-dieci, cioè zero per gli sfruttati, dieci per i privilegiati, tutto ai pochi, niente agli altri. La povertà viene sapientemente mantenuta entro dei limiti controllabili statisticamente, cioè confinata a minoranze che non possono trovare la forza e i mezzi per ribellarsi, anche perché in gran parte disoccupate, quindi prive di risorse. Il grosso della popolazione, invece, viene mantenuto con delle retribuzioni che possono permettere loro una vita decente ma senza sbocchi, senza possibilità. Questo trucco funziona bene e le persone ingannate non si accorgono del danno provocato loro. Esse credono di essere ricompensate in maniera accettabile, per quanto inferiore ai loro desideri, adeguata o ragionevole. Pur avendo la sensazione vaga che le molte tasse, sperequazioni e regole burocratiche siano *studiate apposta* per danneggiarle, questa sensazione non sfocia mai in una convinzione chiara e netta, se non in una frazione di persone statisticamente controllabile, e per il sistema fisiologica.

In questo senso, il sistema funziona da *sistema di allevamento*. Per il lavoro che le persone fanno e per quello che contribuiscono alla società in senso lato, quelle persone dovrebbero ricevere molto di più, tanto in termini di denaro quanto in termini di opportunità di realizzarsi, di esprimersi, di diventare protagonisti invece che rimanere comparse. Opportunità che sono sistematicamente negate loro grazie alle famose strutture di accesso e strutture organizzative, create apposta per impedire loro l'accesso o la riuscita, strade artificiali ed artificialmente tortuose e impervie, labirinti da percorrere fino allo sfinimento, consumando risorse proprie e facendo una fatica che va a "ricaricare le batterie" dei privilegiati che stanno in cima, ed evapora le forze di chi vorrebbe mettere in discussione i loro privilegi.

Pertanto, il motivo principale per cui si creano delle strutture, mascherato da "ragionevoli" necessità tecniche e organizzative, in realtà pretesti per coprire le vere intenzioni, è quello di negare la possibilità a chiunque di saltare dal livello zero alla cima in pochi passi, quindi impedire l'accesso ai molti, privilegiare i pochi, permettere ai pochi di sfruttare i molti. Nella società la maniera con cui oggi si riesce a rendere il tutto accettabile è quella di distribuire un minimo a una maggioranza di persone, in modo da nascondere le vere intenzioni di sfruttamento e facendo apparire la cosa come ineluttabile, o inevitabile, cioè come la conseguenza di un destino sì ingiusto, ma tale per sfortunate circostanze oggettive e necessità tecniche, non per volontà di qualcuno. Si spiega che se vuoi accedere al livello A devi fare il tale percorso, percorso che magari richiede tutta la vita, quindi nella vita dovresti scegliere se immetterti lungo quella strada o meno, e una volta fatta quella scelta non puoi pretendere anche di avere chance di cambiarla, perché ci sono difficoltà tecniche, "non si può dare a tutti la possibilità di scegliere la strada che vogliono percorrere quando pare a loro". E via di questo passo.

Insomma, la riduzione di chance si ottiene creando struttura. Lo scopo principale della struttura, che per sua natura è piramidale, è lo sfruttamento, perché ci sono poche persone in cima, tante persone in basso, tante persone che lavorano e poche persone che si avvantaggiano di quel lavoro. Tante persone lavorano per sperare di entrare un giorno nel giro di quei pochi, ma quasi tutte quelle persone non faranno mai parte di quei pochi, rimarranno sempre dove sono. Infine, quei pochi sono selezionati in base a criteri funzionali alla struttura stessa, perché è la struttura che determina quegli stessi criteri, quindi tutti coloro che sono premiati sono per forza di cosa coloro che sono funzionali al mantenimento, al funzionamento, alla sopravvivenza e all'espansione della struttura, che vuol dire mantenimento dello sfruttamento.

In fisica, un articolo scientifico dovrebbe valere per il suo contenuto, e quindi dovrebbe essere letto, ma se così fosse chiunque avrebbe la possibilità di saltare istantaneamente dal livello zero alla cima. Invece, grazie alla struttura organizzativa che abbiamo delineato, un articolo conta più o meno a seconda del nome di chi lo firma, di chi cita e di quanto si inquadri nelle correnti dominanti. E se poi qualcuno davvero vien fuori con una buona idea, i ben piazzati, cioè coloro che occupano posti privilegiati nella struttura organizzativa, gli porteranno via quell'idea da sotto il naso, prendendosi tutto il merito, il credito e le priorità, per quanto lui abbia pubblicato l'idea per primo, perché tanto nessuno avrà preso in considerazione il suo articolo, in quanto non appartenente al giro giusto, tranne chi lo ha usato per portargli via l'idea. Insomma, la fisica teorica moderna funziona esattamente come uno schema di sfruttamento.

Ad avvantaggiarsi di questo lavoro sono coloro che già stanno collocati nei livelli più alti, per cui il numero di persone che lavorano più di quanto ricevono è alto, il numero di persone che traggono gratuitamente beneficio dal lavoro altrui è estremamente basso. Ovvio che il ricambio dei piani alti è soggetto unicamente all'arbitrio di chi li abita, per cui si instaura una vera e propria casta di persone che determinano anche i loro successori.

Anche in questo discorso si innesta la crescita della densità popolazione. Senza dubbio, infatti, è più facile controllare e sottomettere masse di persone compattate in un territorio relativamente piccolo, facendo in modo che si pestino i piedi una con l'altra, che un ugual numero di persone sparse per un territorio grande e semideserto.

Capitolo 5

Il futuro

Lezioni da una civiltà

Abbiamo visto che una civiltà può perdere il suo patrimonio di conoscenza, regredire, dimenticare il progresso fatto, e che questo può accadere in modo del tutto naturale, senza che l'umanità se ne accorga. Nel momento in cui si arresta il flusso di informazioni nuove, per esempio il flusso di dati forniti da nuovi esperimenti, anche il progresso scientifico si arresta. Se ci si trova impreparati ad affrontare il problema, come succede oggi, le strade percorse in una situazione come questa sono tipicamente imitazioni di strade percorse con successo in passato, nella speranza che la storia si ripeta. Ma la storia, nella scienza, non si ripete quasi mai, anche perché stiamo parlando dell'esplorazione dell'ignoto, e pensare che l'ignoto sia un *cut-and-paste*, un taglia-incolla del noto è una scommessa destinata a perdere. L'inerzia mentale fa sì che il problema di fondo non emerga mai o emerga con gravissimo ritardo, quando ormai è passato il punto di non ritorno e la società sta già camminando speditamente e convintamente lungo la strada dell'involuzione.

Ci chiederemo ora cosa possiamo fare per risolvere il problema. Dobbiamo in primo luogo renderci conto che ci troviamo ad affrontare un problema che non ammette una posizione di equilibrio stabile naturale. Si può preservare naturalmente la conoscenza acquisita soltanto continuando a progredire. Quando questo non è possibile si può soltanto regredire, ma non preservare le conquiste raggiunte. Rimane aperta la possibilità di stabilizzare artificialmente la posizione di equilibrio instabile. Un traguardo simile potrebbe essere impossibile da raggiungere, ma oggi non possiamo ancora dirlo con certezza: possiamo sperare che esista una maniera forzata per rimanere in equilibrio tra la fine del progresso evitando l'inizio del regresso. Siccome non sarebbe una posizione di equilibrio naturale potrebbe richiedere un intervento massiccio sulla società che forse sarà fuori delle nostre capacità, un intervento invasivo, quindi molto rischioso, che dovrà essere studiato e programmato con estrema cura e cautela. Comunque, visto che un intervento massiccio e scriteriato sulla società è già stato messo in opera, con le conseguenze nefaste che sappiamo, sarà ben difficile creare più danni.

Per illustrare meglio quello che stiamo dicendo pensiamo alla posizione di equilibrio che riusciamo a mantenere, dopo un lungo apprendimento, quando stiamo in piedi, o camminiamo su due gambe. Richiede un'attenzione costante, che dopo i primi anni di vita impariamo ad applicare in modo involontario, ma che comunque caratterizza quella posizione di equilibrio instabile come stabilizzata da una serie di controlli applicati automaticamente, e la distingue da una qualunque posizione di equilibrio stabile naturale. È chiaro che nel momento in cui l'attenzione continua necessaria a mantenerci in equilibrio viene meno (per esempio se ci assopiamo, o sveniamo) crolliamo immediatamente a terra. In matematica questa problematica va sotto il nome di teoria dei controlli. Soltanto mediante una serie di controlli applicati continuativamente, come quelli che noi operiamo involontariamente su noi stessi, si riesce a stabilizzare una posizione che altrimenti sarebbe di equilibrio instabile. Giocando un po' colle parole si potrebbe dire che la stabilizzazione, però, non è... stabile essa stessa, ma può essere mantenuta tale soltanto dinamicamente, esattamente come succede quando noi esseri umani stiamo in piedi o camminiamo.

La scienza e il metodo scientifico sono naturalmente instabili, perché la tendenza a deviare da quelli è come abbiamo visto ampiamente insita nella natura umana. Finché la natura, tramite l'esperimento, esercita controlli continui ha luogo una stabilizzazione forzata dalla quale la specie umana trae beneficio senza volerlo. Ma nel momento in cui quei controlli continui cessano o diventano sporadici la specie umana sviene e crolla a terra.

Prima di procedere, elenchiamo e analizziamo le diverse possibilità che stanno di fronte a noi. Le elenchiamo da quella con l'impatto minore a quella con l'impatto maggiore.

1. La situazione di cui abbiamo parlato è passeggera. Quarant'anni su

400 sono una frazione importante, però altre volte in passato si sono registrate situazioni di stallo nei settori più avanzati dell'esplorazione scientifica. Per esempio, alla fine dell'800 si credeva che il determinismo potesse spiegare tutto e che non ci fosse più niente da scoprire. Ci si sbizzarriva sulle teorie dell'etere, finché una serie di risultati sperimentali non ci costrinsero a rivoluzionare completamente la nostra maniera di intendere il mondo e le leggi fisiche. Si può certamente sperare che la storia si ripeta, tuttavia oggi gli esperimenti possono richiedere uno sforzo collettivo eccessivo e renderli così sporadici da trasformare questa legittima speranza in un azzardo.

2. La situazione di cui abbiamo parlato interessa soltanto una disciplina scientifica particolare, la fisica teorica delle alte energie, oppure un particolare insieme di settori scientifici, sostanzialmente quelli che impiegano pesantemente il metodo galileiano, fatto di esperimenti e matematica. Quel tipo di scienza è morta? Ce ne possiamo fare una ragione. Da oggi, anzi da qualche decennio, prevalgono ricerche di tipo osservativo e compilativo-tabulativo, cioè si afferma il metodo baconiano su quello galileiano. In futuro il progresso ci sarà comunque, ma certamente sarà molto, ma molto più lento. Si procederà collettivamente più che individualmente. Si annullerà l'individuo a favore del gruppo. Visto il ruolo della collettività, il rallentamento sarà in parte compensato dalla crescita demografica. La cosa in sé non è così grave, altri settori scientifici emergeranno al posto di quelli archiviati, magari provenienti da ambiti completamente diversi, come la biologia, dove il metodo compilativo è sostanzialmente l'unico praticabile, e il progresso procederà ugualmente, perché in fondo "va dove c'è da andare". I dannosi metodi di reclutamento analizzati in precedenza potrebbero avere effetti meno gravi in quelle discipline in cui si deve procedere per forza di cose col metodo compilativo.

3. La situazione di cui abbiamo parlato è la spia di un movimento involutivo generale inarrestabile. I criteri di valutazione e reclutamento hanno ovunque effetti sufficientemente perniciosi da minare la sanità di qualunque disciplina. Magari la degenerazione richiederà più tempo in quei settori in cui si procede in modo compilativo, ma alla fine il risultato sarà lo stesso: tutti i settori scientifici, prima o poi, saranno contaminati, e la società procederà spedita verso il totale appiattimento. La sensazione di chi scrive è proprio questa. La fine del metodo scientifico non è compensabile, e i suoi effetti contageranno gradualmente tutta la ricerca scientifica e poi anche la filosofia

e il resto del sapere, ammesso che non lo abbiano già fatto.

Assumeremo che la posizione corretta sia la seconda o la terza. Entrambe sono sufficienti a caratterizzare la nuova epoca come un Nuovo Medio Evo. Proporremo delle soluzioni, certo, anche perché altrimenti possiamo essere accusati di limitarci a sollevare il problema senza fare proposte alternative. Tuttavia, dobbiamo anticipare che le soluzioni non sono di facile realizzazione. Non è possibile cambiare dall'oggi al domani il corso della storia. Qui non si parla di applicare correzioni più o meno grandi a un sistema che tutto sommato funziona, qui si parla di errori grossolani talmente profondi e dalle conseguenze talmente pervasive che ormai occorre cambiare la direzione di marcia del pianeta. Per forza di cose, la nostra analisi delle possibili soluzioni rischierà di rimanere meramente accademica. Di per sé, nemmeno sollevare il problema è un compito facile, come già sottolineato, vista la cappa di unanimismo ed omertà che grava sull'ambiente scientifico. Se ci accusassero davvero di sollevare il problema senza fare proposte sarebbe comunque un piccolo passo avanti, perché vorrebbe dire che almeno si ammette che il problema c'è, anche se poi si lavorerebbe sicuramente per minimizzarlo progressivamente e riavvolgerlo nel torpore generale.

Come abbiamo avuto modo di vedere in più occasioni, si tratta di un problema di vastità planetaria e storica. Non ci sono soluzioni magiche che possano raddrizzare la situazione presente applicando pochi aggiustamenti qui e là. Qualunque proposta di soluzione deve essere intesa come un'esortazione ad intraprendere una lunga e faticosa strada verso la ricerca di vie d'uscita, e la loro instancabile sperimentazione. Oggi noi ci troviamo completamente impreparati di fronte a questo problema, anche perché nella maggior parte dei casi il problema non lo vediamo nemmeno. Siamo ancora imbevuti dell'ottimismo e della spensieratezza a cui la scienza ci ha abituati da decenni, e anche per questo abbiamo la cronica tendenza a sottovalutare i problemi scomodi, quelli che possono mettere in dubbio l'immagine artificiale che ci siamo fatti della scienza. Non sappiamo affatto come fare una manovra ad U per fermare il declino e tornare a progredire. Stiamo pacatamente e felicemente regredendo avvolti nella nostra convinzione che in realtà, "no, non è vero, stiamo progredendo ancora, e chi dice il contrario è soltanto un pessimista che gufa contro il sistema". In definitiva, ogni proposta di soluzione va intesa come un punto di partenza di un processo che si preannuncia lunghissimo e faticosissimo.

Riepilogando, quando il progresso finisce la specie umana si trova di fronte alle seguenti alternative: o è impreparata, come oggi, e allora non può che regredire, o si è preparata per tempo, e allora può sperare, almeno, di conservare dinamicamente la conoscenza acquisita nel suo passato, consapevole però che un minimo errore potrebbe rivelarsi fatale. Si devono elaborare meccanismi e strategie che ci diano la speranza di riuscire a rendere l'equilibrio stabile dinamicamente e restare in posizione di equilibrio il più a lungo possibile, invece che rovinare a terra. Oggi non siamo preparati, non conosciamo la soluzione del corrispondente problema di teoria dei controlli. Il linea di principio la soluzione dinamica al problema potrebbe non esistere, ciò che renderebbe vani tutti i nostri sforzi per trovarla, ma in questo momento non sappiamo nemmeno questo. E allora dobbiamo riporre molta energia per risolvere *questi* problemi, invece che sprecare enormi energie inventando problemi fasulli o percorrendo strade già dimostratesi sbagliate soltanto per continuare ad illuderci che il progresso sia ancora in atto.

Queste sono le possibilità sul tappeto, e vista la nostra impreparazione in materia al momento possiamo dire poco altro. Il problema è dunque come stabilizzare, in un certo senso *ibernare* la conoscenza acquisita in attesa di tempi migliori, per avere un testimone da passare alle generazioni successive, ed evitare uno scivolone all'indietro. Questo è lo scopo di quest'ultimo capitolo, che non pretende di fornire la soluzione immediata al problema, ché sarebbe chiedere troppo, ma almeno impostare la ricerca delle eventuali soluzioni. Abbiamo delineato con chiarezza il problema e caratterizzato le proprietà che deve avere la soluzione per essere veramente tale.

Come uscire da questa situazione, dunque? È difficile svegliare una civiltà incamminatasi lungo la strada del regresso dallo stato ipnotico in cui è caduta, e riportarla sulla strada del progresso. Tuttavia, esperimenti in questo senso vanno comunque fatti, con l'avvertenza che in questo, come in qualunque altro ambito, deve essere applicato il metodo sperimentale, quindi ogni risultato deve essere analizzato per correggere, o anche cambiare la strategia successiva, in corso d'opera. Non si tratta dunque di vere e proprie soluzioni, ma di tentativi da fare, nello spirito della prova e dell'errore, anche per stabilire se il punto di non ritorno sia stato effettivamente già oltrepassato, come io credo, o no. Probabilmente i difensori del sistema attuale, coloro che in modo parassitario si sono avvantaggiati dei suoi metodi di funzionamento, approfitteranno del risultato negativo di una qualunque esperienza di questo tipo, per perorare la loro causa, e dismettere frettolosamente sia l'esistenza del problema, sia la necessità di fare un lavoro lungo e duro per cercare soluzioni. Ma di quelle persone e di quello che dicono, a un certo punto, possiamo anche smettere di curarci. I risultati negativi vanno comunque messi in conto, perché il metodo della prova e dell'errore funziona appunto così.

Per prima cosa occorre demolire la torre di Babele, l'ideologia dell'unità e dell'unificazione, della globalizzazione, della standardizzazione, dell'internazionalizzazione, del consenso e del consenso globale, che poi vuol dire la sottomissione planetaria di tutti gli esseri viventi all'unico Schema. Degna solamente del puerile sogno massonico, quell'ideologia, e la situazione attuale che la rispecchia fedelmente, fanno venire in mente quel video dei Pink Floyd, "Another brick in the wall", in cui si vedono tanti mattoni nel muro, e una catena di produzione per produrre uomini-mattoni e infilarli nel muro uno dopo l'altro, e poi insegnanti o cani da guardia che abbaiano e sbraitano. L'aspetto tragicomico di tutto questo sono poi coloro che dicono di volersi "ribellare" e che invece usano l'ideologia finto-ribellista per procurarsi un posto più alto e più in vista in quello stesso muro grigio e uniforme.

Abbiamo provato la globalizzazione? Ora proviamo qualche strada più intelligente. Ci sono situazioni in cui l'unità è sinonimo di sfruttamento e sopraffazione, e la divisione è sinonimo di libertà. È assurdo che in un'epoca in cui le informazioni sono disponibili pressoché istantaneamente ci sia bisogno ancora di scorciatoie, per demandare il giudizio ad *enti preposti* a giudicare al posto nostro, come le agenzie di rating, e sottomettere tutto il pianeta a standard unici. Occorre superare l'ideologia dei rating planetari, distinguersi, scegliere ognuno la propria strada individuale. Ogni paese, per esempio, definisca una sua strada, fatta di propri criteri di giudizio e valutazione, meglio ancora una pluralità di criteri, magari uno per ogni università. E al suo interno lasci la maggiore libertà possibile agli individui. Leggere le pubblicazioni più significative di un candidato a posti universitari o a finanziamenti di ricerca non può essere un optional, o l'ultima delle opzioni. In ogni caso, occorre che ogni paese rifugga la tendenza a uniformarsi al resto del mondo.

Oggi la tendenza che prevale nella nostra civiltà punta nella direzione dell'uniformizzazione e dunque della negazione della diversità. Invece, la specie umana deve cominciare a dividersi, a tutti i livelli, e così deve fare la scienza. E questo vuol dire anche "rallentare", tutti contemporaneamente, abbandonare la fretta gratuita odierna, che poi è fine a sè stessa, non porta da nessuna parte, e serve solo per poter dire di essere veloci a chi, pure lui, non ha abbastanza tempo per guardare sotto la superficie ed accorgersi che il movimento è artificioso e senza meta. Abbandonare la chimera di una scienza universale, perché, come successo nel recente passato, è possibile che alcune persone riescano a invadere una tale scienza, occuparla e sottometterla alle loro logiche perverse, creando danno a tutta la comunità. Se invece ci sono più scienze diverse, una scienza plurale, un rischio di questo tipo diminuisce. Deve esserci spazio anche per chi non segue il criterio del consenso, si deve rinunciare ai criteri di giudizio universali e i criteri-scorciatoia come i rating, si deve cominciare a capire che il contributo di ciascun individuo deve essere valutato individualmente e non sottomesso e calpestato da parametri generali. Arrivare finalmente a una scienza in cui la ricerca e la volontà di perseguire una strada da parte di alcuni non debbano passare necessariamente attraverso l'eliminazione dell'altro, e che non permetta a nessuno di farsi largo a danno degli altri, fermando e scalzando quelli che non la pensano come lui.

Per cautelarsi di fronte al rischio che quanto successo negli ultimi vent'anni in fisica si ripeta in futuro, o magari si estenda alle altre discipline, bisogna creare più *scienze*, ed essere sempre pronti a crearne di nuove, non appena le vecchie vengono occupate ed inquinate. Intendo più *fisiche*, più *matematiche*, più fisiche teoriche delle alte energie, eccetera, cioè più interpretazioni della stessa scienza e della stessa disciplina o dominio di ricerca, sviluppate e finanziate in modo indipendente, da più persone, più gruppi o più paesi, non necessariamente comunicanti tra loro, o comunque non troppo comunicanti tra loro. Avendo cura anche a non esagerare da questo lato, perché anche diversificare troppo può essere un mezzo per non diversificare nulla, oppure un "diversificare tanto per poter dire di aver diversificato". In un confronto tra scienze diverse le versioni più sane di una scienza permetteranno di smascherare più facilmente quelle malsane, mostrando a tutti la differenza di capacità e di risultati raggiunti. Il fatto invece di avere una scienza sola e universale, e di essere tutti costretti ad occupare lo stesso posto, o posti equivalenti, induce alla competizione per scalzare gli altri, per poi fare, magari, le stesse cose che stavano facendo loro, o che avrebbero fatto loro. Inoltre, permette ad alcuni di stabilire un protettorato su tutto lo spazio disponibile e poi rinfacciare agli altri il fatto che "non c'è nessuna alternativa sul mercato".

Dobbiamo sapere che se il pianeta diventa un unico grande formicaio umano, come l'ideologia corrente vorrebbe, le conseguenze saranno la formazione di caste, la nascita di città tipo Metropolis, la suddivisione di ruoli e mansioni per nascita, appartenenza tribale o provenienza geografica o etnica, la sparizione dell'individualità, la *città del sole* (che sarebbe più corretto chiamare "la città delle tenebre"). E il futuro sarà un Lungo Medio Evo, con miriadi di progressi finti, e ogni tanto, almeno per un po', qualche progresso tecnologico dovuto alle conquiste passate.

La possibilità di vivere per secoli in un mondo fermo non è di per sé drammatica o terribile, anche se poco interessante e sicuramente deludente rispetto alle aspettative create dalle epoche precedenti. È comunque la realtà che dobbiamo affrontare, ormai, e a cui forse non possiamo far altro che adattarci.

Il destino, tuttavia, potrebbe essere ben peggiore, come il precedente dell'Isola di Pasqua può suggerire. In definitiva, dobbiamo essere consapevoli che la tendenza nichilista che punta non dico alla conservazione, che sarebbe comunque una prospettiva più che nobile di questi tempi, o meglio lo sarebbe stata qualche decennio fa, ma all'autodistruzione, è molto diffusa e parte della natura umana. Il fatto che la specie sia andata avanti lo stesso finora non è un grande argomento a suo favore. Stiamo veramente "andando avanti" o stiamo campando dei risultati ottenuti nel periodo d'oro? Siamo tranquilli o si prospetta il peggio? Il declino sarà unicamente il Nuovo Medio Evo, e, di nuovo, potremmo starci perché in fondo non sarebbe così grave, oppure siamo destinati a finire come la popolazione dell'Isola di Pasqua, ridotta a uno stato semi-bestiale dopo aver raggiunto l'apice della sua civiltà?

Queste considerazioni non sono frutto di pessimismo, anche perché chi scrive non è per nulla affetto da quella malattia, ma conseguenza di una valutazione rigorosa e scientifica della specie umana, desunta dall'osservazione degli ultimi due decenni, in particolare dal clamoroso precipitare in fondo al burrone del settore una volta più avanzato delle scienze fisiche. Vent'anni di sbandamento su 400 di storia della scienza sono già il 5% del totale, quindi sufficienti per potere trarre delle conclusioni, dare un giudizio equilibrato di ciò che siamo e di dove andremo in futuro.

Quante sono, realisticamente, le speranze che vengano cercate soluzioni nelle direzioni indicate, e poi applicate e testate? Dobbiamo chiederci anche questo e mettere in conto il probabile disappunto nel conoscere la risposta. Dobbiamo giudicare la specie umana per quello che effettivamente è e non per quello che vorremmo che fosse, o che essa vorrebbe credersi.

La specie umana

La specie umana è quella che ha prodotto ciò che abbiamo descritto in questo libro. Chi ha condotto la civiltà fino a questo punto non ignorava i rischi e le conseguenze dei suoi comportamenti, le precauzioni da prendere e le strade alternative da percorrere. D'altra parte se volessimo indulgentemente credere che queste cose non fossero state sufficientemente chiare, dovremmo desumerne che la specie umana è appunto una specie così ingenua che le è riuscito di piombare in questa situazione senza opporre adeguata resistenza, senza capire e vedere cosa stava succedendo, senza valutare i rischi e senza avere chiare le possibilità di soluzione.

A questo stadio della civiltà umana dobbiamo anche cominciare a riflettere su noi sessi, per capire meglio chi siamo, quanto siamo evoluti come specie vivente e quali sono le nostre potenzialità per il futuro. Qui si tratta di guardare non l'individuo singolo, che in certi casi si può rivelare di una ricchezza straordinaria, ma la collettività, la società, anzi, meglio, la specie umana in quanto tale.

Dopo secoli di storia, e dopo aver occupato il pianeta, abbiamo accumulato abbastanza esperienza e conoscenza di noi stessi e del resto della natura per poter fare un bilancio, chiederci chi siamo veramente, guardando dentro noi stessi con occhio razionale e scientifico, per imparare a conoscere a fondo la specie vivente di cui facciamo parte.

Avendo visto quello che è successo negli ultimi vent'anni possiamo anche farci un'idea e ricavare una stima dei tempi necessari per arrivare a sollevare dei problemi planetari, e sperare di risolverli. Possiamo acquistare la percezione dei problemi nella loro corretta collocazione, che è appunto la nostra specie vivente, con le sue qualità e i suoi enormi limiti.

Quando un individuo spende tante energie per quella che ritiene ingenuamente essere la semplice espressione della sua libertà e per la realizzazione della sua vita, e si accorge che la specie ne spende una quantità enormemente superiore per impedirgli di agire, per impedirgli di vivere, per soffocarlo, a un certo punto deve prendere realisticamente atto della situazione e trarre le dovute conclusioni. Ebbene, la specie umana è anche questo, e dobbiamo diventarne consapevoli: *questa* è la specie con cui dobbiamo convivere. È una questione di forze individuali contro forze collettive, che obbediscono a ben definite leggi. Un confronto molto impari. I movimenti collettivi seguono le loro regole. L'individuo viene accompagnato e premiato se si inserisce nei filoni tracciati dai movimenti collettivi, altrimenti viene mortificato e ostacolato nella sua azione fino a soffocarlo e farlo capitolare. Pertanto, come abbiamo più volte detto, è non solo possibile, ma anche molto probabile, che una specie nel suo complesso imbocchi con inaudita convinzione e tenacia la strada del regresso, e vi sprofondi, e nel fondo del burrone rimanga per lunghissimo tempo, senza che i pochi individui che vedono quello che succede possano farci niente. Anzi, quando alcuni di quelli cercano di fare qualcosa per ridurre il danno o porre rimedio vengono allontanati o privati di futuro, sterilizzati, e a loro è negata perfino la memoria.

Il buio che ci aspetta sarà di secoli: in futuro nessuno avrà mai interesse a capire cosa è successo in questi anni, quando il declino è iniziato, per stabilirne le cause e rintracciare chi e come ha cercato di opporvisi. Mentre un perseguitato come Giordano Bruno poteva avere la magra consolazione di essere capito e riabilitato post mortem nell'epoca successiva, l'epoca che si profila di fronte al nostro orizzonte è quella dell'oblio.

Pertanto in questa fase la conclusione più amara che possiamo trarre è che lavorare per migliorare questa specie non è un buon investimento. Inevitabilmente, valutata la situazione, molte persone oggi concludono che a queste condizioni, a questo prezzo, non vale la pena di darsi da fare per contribuire al progresso. Dovendo lottare individualmente contro una comunità ostile, che emargina e sfrutta, usa e getta, premia e punisce a suo piacimento, le persone migliori preferiscono fare scelte di vita diverse, realizzarsi in altro modo, e la scienza rimane privata del capitale umano necessario per sperare di riportarsi sulla via maestra. Si potrebbero rimproverare quelle persone con la classica accusa di darsi alla fuga invece che cercare di risolvere i problemi. Si potrebbe provocatoriamente chiedere loro: "cosa succederebbe se tutti abbandonassero la nave, se tutti fuggissero, come fate voi?". Ebbene, non dobbiamo andare lontano per conoscere la risposta a questa domanda: succederebbe proprio quello che è successo e sta succedendo, perché ormai appunto tutti fuggono.

I risultati che la specie umana ha ottenuto nella sua storia sono molto importanti per noi, ma poca cosa nell'economia della natura. Sono molto appariscenti ai nostri occhi, e quindi ci danno l'illusione di essere veramente degli esseri viventi straordinari rispetto agli altri. Ma noi stiamo guardando le cose dal nostro particolare punto di vista, e ovviamente siamo interessati ad esprimere un giudizio lusinghiero su noi stessi: siamo in evidente conflitto di interesse. Se vogliamo riuscire ad esprimere un giudizio più corretto dobbiamo cercare in un certo senso di uscire da noi stessi, e una maniera è quella di riflettere scientificamente, come abbiamo fatto in questo libro, non soltanto su quelle che sono le nostre qualità e capacità, ma anche i nostri limiti, le nostre carenze, quello che noi non siamo riusciti a fare, quello che non riusciamo a capire, oppure i tempi lunghissimi che ci sono necessari per riuscire a vedere e capire cose in fondo molto semplici e chiare, e le difficoltà che ci creiamo artificialmente prima di riuscire ad apportare modifiche in fondo facili da fare e da testare, insomma considerare dove le qualità e le capacità della specie umana si fermano, non per nostre presunte volontà malevole, ma per i nostri limiti intrinseci di esseri viventi fatti come siamo fatti.

A ben guardare, l'essere umano non sembra così speciale nell'economia della natura, e stavolta non per una rivoluzione copernicana che ci mostra che invece di essere al centro siamo in periferia, non per una scoperta come l'evoluzione delle specie, in cui si viene a capire che non siamo stati creati da un essere che ci ha voluti speciali, ma siamo il frutto di un'evoluzione alimentata molto banalmente da una serie di processi casuali. Si tratta, invece, di una semplice quanto banale constatazione, che possiamo ricavare riflettendo su noi stessi, cioè che in fondo noi come specie vivente "siamo così così".

Visto che oggi vanno per la maggiore i premi e i concorsi, giudicare e stilare classifiche, chiediamoci come figurerebbe la specie umana se fosse confrontata con tutte le altre specie viventi intelligenti dell'universo, in una sorta di *concorso di intelligenza universale*, per stabilire chi è migliore e chi è più scarso, considerando i risultati raggiunti e i tempi richiesti per raggiungerli, e tutti gli altri fattori che devono essere considerati per esprimere un giudizio esaustivo. Probabilmente la specie umana risulterebbe nella media. Certamente non tra coloro che vincono il premio, ma nemmeno tra coloro che si avvicinano alle prime posizioni. Risulteremmo gli esseri viventi mediocremente intelligenti che vengono da una stella di medie dimensioni collocata in un angolo qualsiasi dello spazio. L'idea che l'essere umano sia speciale, o magari l'essere più intelligente dell'universo, è un'offesa all'intelligenza.

Non sono qui in discussione aspetti deteriori dei comportamenti umani come le guerre, le oppressioni e le sofferenze inflitte agli altri esseri umani, agli altri esseri viventi, alla natura e all'ambiente, perché come detto la nostra indagine non è morale ma prettamente scientifica. Ebbene, nonostante questo e nonostante la nostra benevolenza ne dobbiamo concludere che l'essere umano non riesce a figurare come un essere particolarmente ben riuscito. Neanche particolarmente mal riuscito, del resto, sia ben chiaro. Non abbiamo ragioni per essere particolarmente contenti o scontenti, ottimisti o pessimisti. Sicuramente, dobbiamo riconoscere che siamo una delusione, almeno rispetto alle aspettative create nei secoli recenti. Accettiamolo e guardiamo avanti. Non c'è nessuna intenzione qui di denigrare gratuitamente l'uomo e infierire, dando sfogo a sentimenti che nulla possono avere a che spartire con un'analisi scientifica. Certo, sarebbe il caso di scendere giù dal piedistallo che ci siamo immeritatamente e puerilmente creati sotto i piedi. Nell'economia della natura e della vita nel cosmo, il nostro tentativo, intendo la specie umana, è comunque un buon tentativo. Non disprezzabile, ma nemmeno meritevole di esaltata celebrazione.

Trovare motivi per compiacersi al cospetto dell'ipotetico architetto che avrebbe fatto il mondo, di ritenersi speciali o anche soltanto interessanti, è certamente esagerato. Siamo una specie come le altre, stiamo facendo il nostro viaggio nella storia del cosmo, facciamo il nostro apprezzabile tentativo, facciamo "quello che possiamo", ma i progressi fatti da noi, opportunamente riscalati, non sono maggiori di quelli fatti dagli altri esseri viventi prima di noi, e forse è venuto il momento di renderci conto che siamo bravini, certo, ma niente di più.

Siamo finalmente in grado di cogliere i limiti delle possibilità di evoluzione della nostra specie. Probabilmente in un lontano futuro il nostro pianeta sarà abitato da specie diverse dalle attuali, più e meno avanzate della nostra, più e meno intelligenti di noi, emerse dalla nostra o da altre. Sicuramente esistono nell'universo tantissimi altri esseri intelligenti. Altrettanto sicuramente molti di quelli sono parecchio più intelligenti di noi, al cospetto dei quali noi siamo e ci sentiamo come un bambino rispetto agli adulti, o come la scimmia rispetto a noi. Immaginiamolo per un momento, tanto per vedere l'effetto che fa e renderci conto meglio di quello che vuol dire. Ricordiamo cosa provavamo da bambini guardando quello che facevano gli adulti? Ricordiamo la sensazione di impotenza? di non poter capire quello che invece altri sembravano controllare con tanta facilità? Cerchiamo di immaginare cosa capivamo, a pochi mesi di vita, del linguaggio degli adulti prima che imparassimo a parlare. E immaginiamo cosa vede una scimmia quando vede noi. Immaginiamo cosa pensa una scimmia quando ci osserva. E immaginiamo di provare sensazioni simili di fronte ad altri esseri più evoluti ed intelligenti di noi. Cioè immaginiamo uno stacco tale tra noi e loro da non essere nemmeno in grado di capire cosa sta succedendo, e perché, quando osserviamo quello che fanno. Uno stacco tale da non essere nemmeno in grado di trovare o concepire le leggi fisiche che quegli esseri sembrano usare con tanta disinvoltura, e che a noi danno l'impressione di essere soprannaturali. Uno stacco tale da non riuscire a capire come fanno a comunicare, o a imparare il loro linguaggio, da non riuscire neanche ad accorgerci che comunicano. E in quel famoso concorso di intelligenza ci sentiremo come i cani si sentono in un concorso di bellezza per cani. Se riusciamo a immaginare tutto questo, forse cominciamo a capire qualcosa di più sulla natura e noi stessi.

Fatte le dovute somme, dunque, la specie umana non sembra una specie particolarmente evoluta. Rispetto alle aspettative create nel recente passato risulta anzi abbastanza deludente. Probabilmente il futuro che ci aspetta sarà in fondo un futuro dimesso di una specie mediocre, una specie molto più primitiva di quello che si poteva sperare.

Stiamo procedendo lungo la direzione che a noi sembra la più giusta e naturale, ma è anche la direzione lungo la quale siamo costretti a procedere, perché essa non è certo, almeno al momento, il frutto di una nostra pianificazione collettiva, e quindi la stiamo subendo nello stesso momento in cui la stiamo imponendo agli altri, con tutti i rischi, ancora difficili da prevedere e controllare, che questo comporterà per il futuro nostro e del resto del pianeta. Che una specie sia enormemente più popolata delle altre sul pianeta, per esempio, può essere enormemente pernicioso per la vita in quanto tale. E allora potremmo chiederci se un giorno la specie umana sarà così evoluta da pianificare la sua stessa evoluzione. Sicuramente sarà così piena di sé da illudersi di poterlo fare, ma in realtà un sogno come questo è senza speranza. In fondo l'abbiamo già visto, perché negli ultimi vent'anni è successo proprio qualcosa di questo tipo: la specie umana ha pianificato la propria scienza, nella fattispecie la fisica teorica, l'ha voluta forzare verso una direzione predeterminata, decisa con i suoi metodi, valutata con i suoi criteri umani. Ed il piano non è per niente fallito, anzi è perfettamente riuscito a livello mondiale. Pertanto non possiamo dire che non abbiamo a disposizione alcuna esperienza di quel tipo. L'esperienza, purtroppo, è quella che abbiamo fatto e che stiamo facendo, ed è delle piú terribili, cioè il procedere più artificiale e gratuito che si possa immaginare, il procedere che si alimenta della mortificazione della libertà, dell'altro, di tutto ciò che non si adegua, e di contro la celebrazione di tutto ciò che fa emergere le peggiori pulsioni umane, e finisce per uccidere la scienza. Effettivamente, quello che è successo negli ultimi vent'anni è un grande esperimento di pianificazione mondiale della scienza. Il risultato? La teoria delle stringhe...

Se si vogliono testare alternative al procedere casuale, ma rigoroso, della natura, visto che ci si illude di poterlo fare, si deve sostituire al procedere naturale il procedere per pianificazione. Tuttavia, e torniamo al solito punto, la pianificazione è umana, e dunque pone un grosso problema: chi decide? come si decide? e perché? La procedura decisionale si trasforma inevitabilmente in uno scontro tra bande avversarie: vincerà una banda, saranno sconfitte altre bande. Non esiste una via di uscita. Le leggi a cui noi sottostiamo sono le leggi della natura, le leggi del caso, le leggi dell'evoluzione della specie, le leggi della fisica, e non possiamo farci niente. La nostra stessa pianificazione è una conseguenza delle leggi della natura, e quando cerchiamo di pianificare non facciamo altro che obbedire alle leggi della natura. Noi non siamo migliori di come la natura ci ha fatti e non possiamo pianificare di migliorarci perché qualunque pianificazione sarà sempre soggetta alle leggi della natura, e quindi l'unico procedere possibile è quello delle leggi della natura, cioè del caso.

Realisticamente, le probabilità che oggi o in un futuro prossimo la società comprenda il problema e si dia seriamente da fare per cercare, testare e applicare soluzioni sono molto basse, anzi si abbassano man mano che il tempo passa, man mano che si procede lungo la strada dell'involuzione. Il lavoro di ricerca di soluzioni per il futuro è forse destinato ad arenarsi, e ridursi al lavoro accademico individuale di qualche persona lungimirante, che può sicuramente essere interessata a studiare il problema scientifico in sé, ma a un certo punto si dovrà anche interrogare sulla realizzabilità delle eventuali soluzioni, sulla loro applicabilità alla situazione presente, nelle condizioni attuali, alla società in cui viviamo. Allora dovrà tenere conto di chi è la controparte, la società appunto. Conoscendo come funziona, cioè le sue leggi collettive, converrà che sono bassissime le probabilità che siano esplorate soluzioni valide, e così anche le probabilità che emerga con consapevolezza il problema. Infine, i tempi richiesti affinché si verifichi un'eventualità del genere sono lunghissimi. Ormai dall'osservazione del passato più e meno recente una percezione chiara dei tempi richiesti ce l'abbiamo e sappiamo con certezza che non sono paragonabili alla durata della vita umana, ma molto più lunghi. Probabilmente molti secoli ci vorranno per uscire dalla situazione in cui siamo finiti e, come già successo in passato, ciò arriverà per motivi contingenti, casuali, come può essere stato il Rinascimento dopo il Medio Evo, ma non per una nostra pianificazione della società, oppure per una volontà individuale, o di pochi individui, che riesca finalmente a farsi strada contro i moti opposti della collettività. Semplicemente, quando per una serie di circostanze casuali cominciano ad allentarsi anche i meccanismi dell'oppressione, si aprono delle possibilità, che potranno essere sfruttate o meno. Ma il tutto procede sempre secondo le leggi del caso, che in fondo sono le leggi della natura e quindi anche le nostre.

Printed by Amazon Italia Logistica S.r.l.
Torrazza Piemonte (TO), Italy